Deus está sempre no controle, mesmo nos bastidores.

Semana abençoada

Metas da semana

-
-
-
-
-
-
-
-
-
-
-
-
-

Motivos de oração

-
-
-
-
-
-
-
-
-
-
-
-
-

Comprar

-
-
-
-
-
-
-
-

Ideias

-
-
-
-
-
-
-
-

Prepare-se para uma semana de gratidão
Leitura: Romanos 8:31-39

A vida é boa

> E estou convencido de que [...] nada [...] poderá nos separar do amor de Deus revelado em Cristo Jesus, nosso Senhor.
> **Romanos 8:38-39**

Enquanto fazíamos compras numa cidade turística, entrei numa loja lotada de roupas e outros itens todos etiquetados com o *slogan*: "A vida é boa." Às vezes, precisamos nos lembrar dessa simples verdade.

Ao ganharmos nosso pão, criarmos uma família, mantermos a saúde, a boa forma e administrarmos os relacionamentos que começam a nos sobrecarregar, é bom pensarmos sobre como representamos pouco neste grande universo. Enquanto permanecemos obcecados com o nosso trabalho, Deus faz silenciosamente o dele. Ele mantém a Terra em rotação, os planetas girando e as estações mudando. Sem nenhuma ajuda da nossa parte, Ele faz o sol nascer todas as manhãs e se pôr todas as tardes. Todas as noites Ele muda o padrão das luzes noturnas no céu. Ele apaga a luz para que possamos dormir e a acende novamente para que possamos enxergar para trabalhar e brincar. Sem levantar um dedo, desfrutamos do nascer e do pôr do sol. Todos os anos as estações mudam na hora certa. Não precisamos orar a respeito disso ou lembrar a Deus que é hora de mandar a primavera. Tudo que Ele faz nos lembra de que Ele é bom (Atos 14:17).

Às vezes a vida será difícil, com frequência dolorosa, e por enquanto ainda imperfeita. Mas mesmo assim é boa, porque em todas estas coisas, nada poderá separar-nos das expressões generosas do amor de Deus. (Romanos 8:39).

Julie Ackerman Link

Janeiro

DOM	SEG	TER
Aniversariantes do dia:	Aniversariantes do dia:	Aniversariantes do dia:
manhã	manhã	manhã
tarde	tarde	tarde
noite	noite	noite

Semana abençoada

Metas da semana

Motivos de oração

Comprar

Ideias

Prepare-se para uma semana de relacionamentos
Leitura: 1 João 3:16-23

Vida, amor, chocolate

...como filhos amados de Deus, imitem-no em tudo que fizerem. Vivam em amor, seguindo o exemplo de Cristo, que nos amou e se entregou por nós...
Efésios 5:1-2

Li um comentário em meu *blog* favorito, que me saltou aos olhos. Era a manhã do nono aniversário de casamento do *blogueiro*. Sem muito dinheiro, ele fora correndo comprar para sua esposa a guloseima francesa preferida de ambos —, *pain au chocolat* (pão de chocolate). Após correr alguns quilômetros, ele chegou a sua casa, exausto, e encontrou-a na cozinha tirando do forno *croissants* recheados com chocolate. Os tais pães de chocolate!

O marido blogueiro comparou a vida deles à vida de pessoas que fazem parte do conto de O. Henry: "Presentes dos Reis Magos". O conto narra a história de um homem que vendeu o seu único bem de valor — um relógio de bolso — para comprar escovas de cabelo para sua esposa, mas ela tinha vendido o seu longo e belo cabelo para comprar uma corrente de ouro para o relógio do marido.

Seria maravilhoso se não tivéssemos preocupações com o dinheiro. O importante é percebermos o imensurável valor das pessoas que amamos. Precisamos nos lembrar de que adquirir bens não é tão importante quanto apreciar as pessoas que Deus colocou em nossa vida. Quando consideramos os outros superiores a nós mesmos aprendemos o significado de amar, servir e sacrificar (Filipenses 2:3). É desta maneira que imitamos o exemplo de Cristo em nossos relacionamentos (Efésios 5:1-2). A vida, o amor e os chocolates são mais saborosos quando são compartilhados.

Cindy Hess Kasper

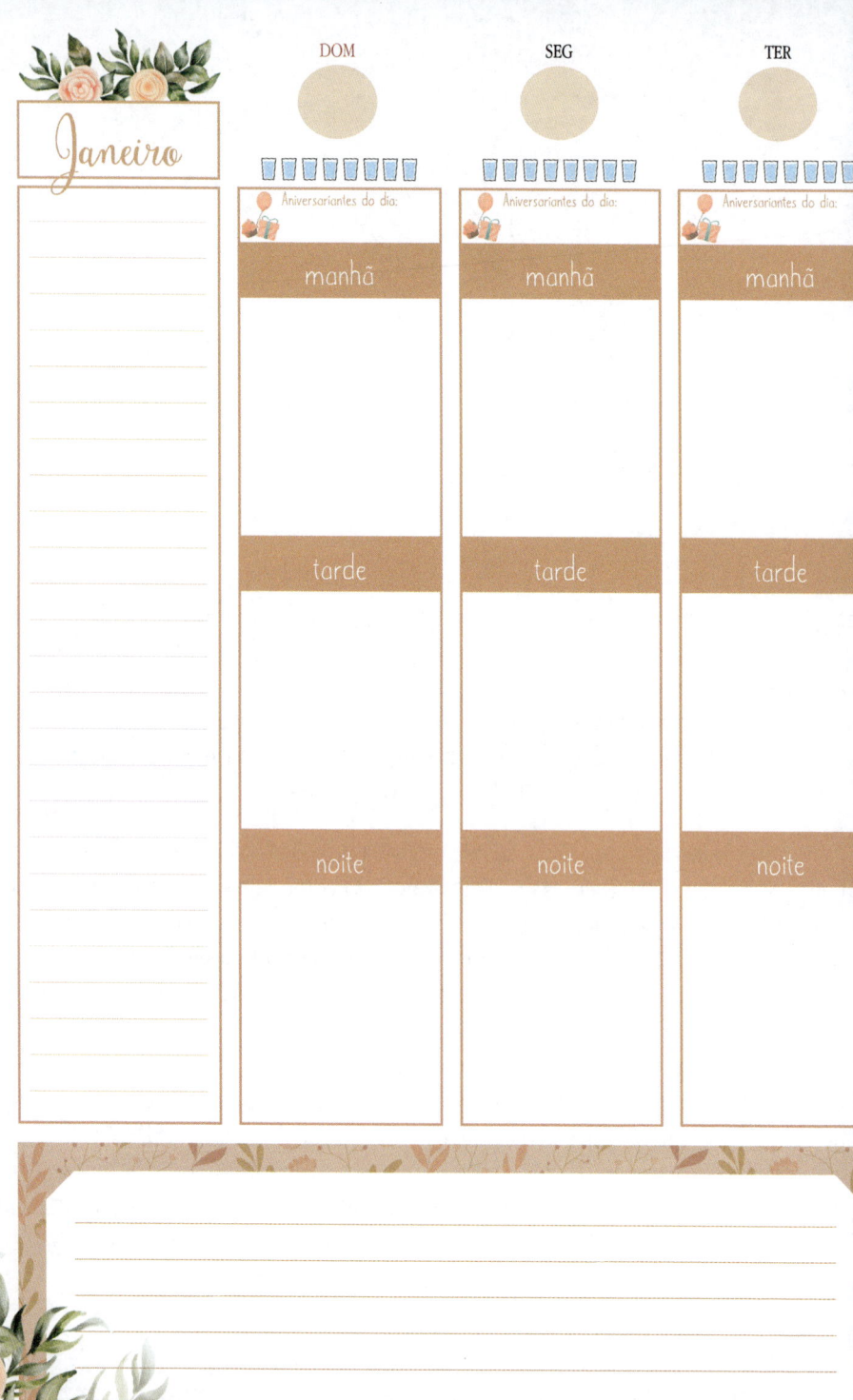

Janeiro

DOM	SEG	TER

Aniversariantes do dia:

manhã

tarde

noite

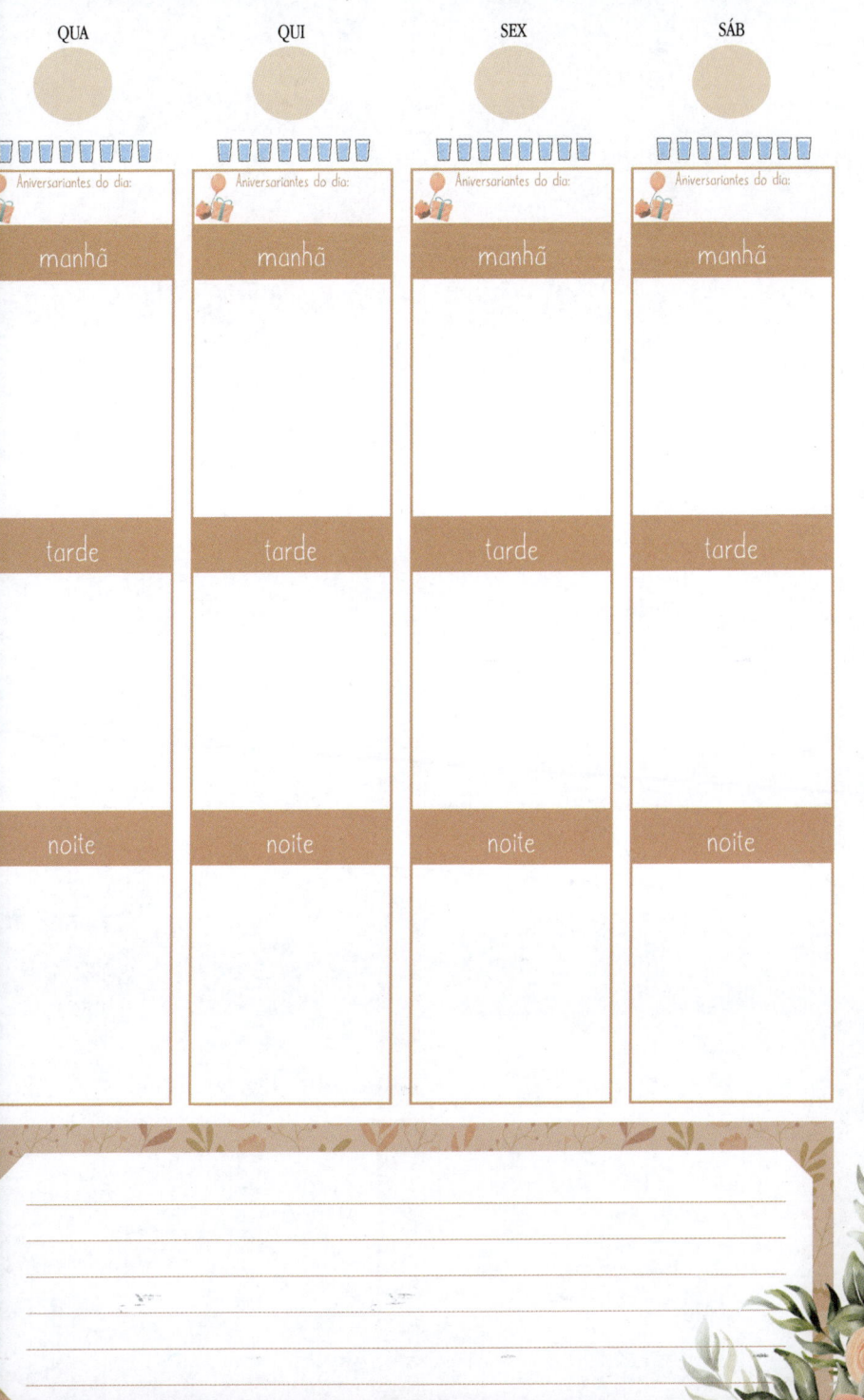

Semana abençoada

Metas da semana

Motivos de oração

Comprar

Ideias

Prepare-se para uma semana de humildade
Leitura: 1 Samuel 15:17-30

Subindo ao topo

Não sejam egoístas, nem tentem impressionar ninguém.
Filipenses 2:3

"Não tem ambição." Essa não é uma frase que você deseja ver em sua avaliação de desempenho. Quando se trata de trabalho, os empregados sem ambição raramente atingem o topo de uma organização. Sem o forte desejo de atingir algo, nada se faz.

A ambição, porém, tem um lado obscuro. Frequentemente, significa elevar-se a si mesmo, em vez de fazer algo nobre pelos outros. Muitos reis de Israel, inclusive o primeiro, o rei Saul, começaram com humildade, mas, gradualmente, passaram a considerar sua posição como algo que lhes pertence. Esqueceram-se de que tinham uma delegação especial de Deus para conduzir o Seu povo eleito de maneira a mostrar às outras nações o caminho até Deus. Quando Deus o desobrigou do dever, a única preocupação do rei Saul foi consigo mesmo (1 Samuel 15:30).

Num mundo em que, frequentemente, a ambição compele os indivíduos a fazerem o que for necessário para galgar posições de poder em detrimento de outros, Deus conclama o Seu povo para um novo modo de vida. Não devemos ser movidos pela ambição egoísta (Filipenses 2:3), mas devemos livrar-nos "de todo peso que nos torna vagarosos e do pecado que nos atrapalha" (Hebreus 12:1).

Se você quiser ser alguém que verdadeiramente "sobe ao topo", seja a sua ambição o desejo de amar e servir a Deus humildemente de todo o seu coração, alma, mente e força (Marcos 12:30).

Julie Ackerman Link

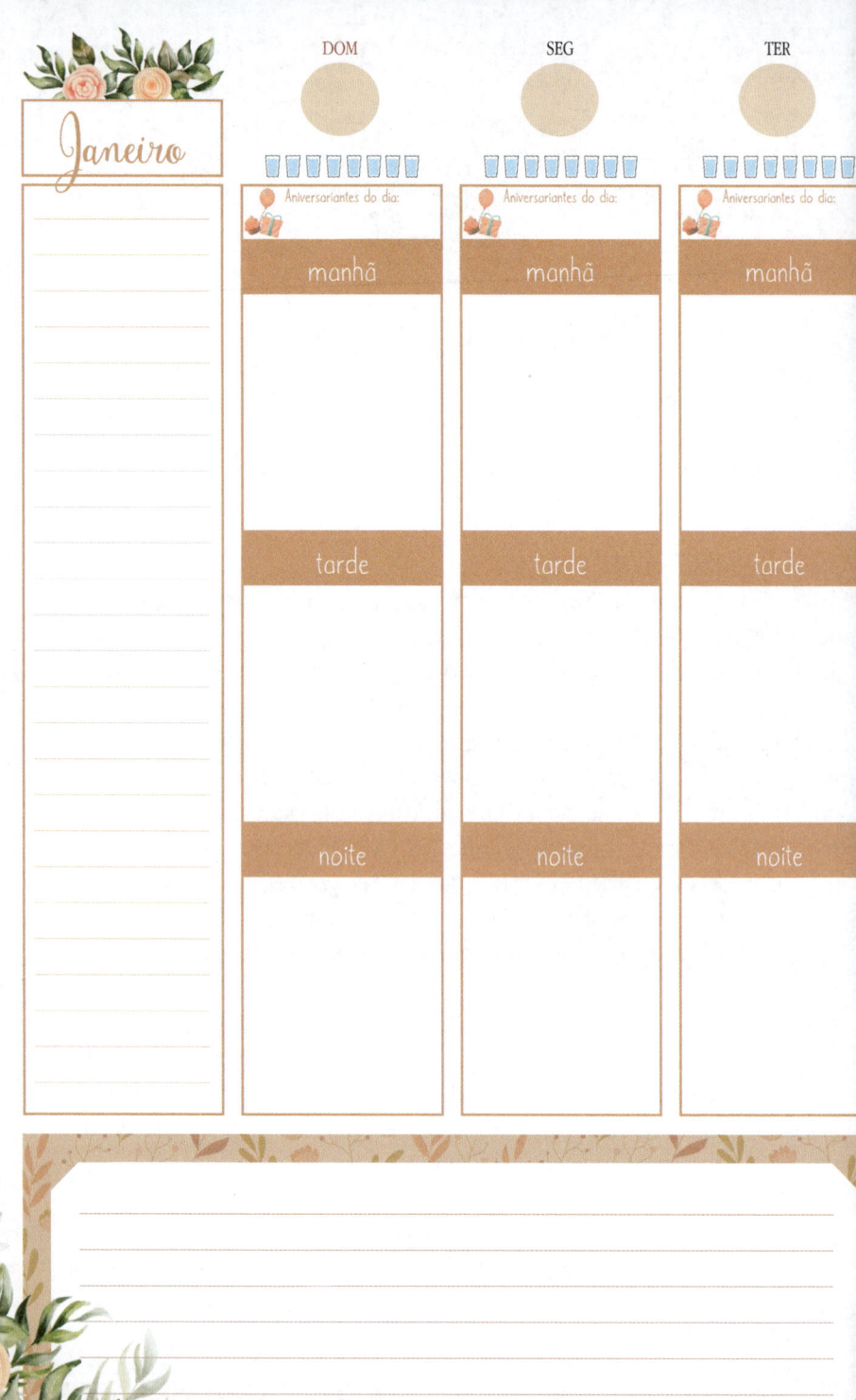

Janeiro

DOM
Aniversariantes do dia:
- manhã
- tarde
- noite

SEG
Aniversariantes do dia:
- manhã
- tarde
- noite

TER
Aniversariantes do dia:
- manhã
- tarde
- noite

Semana abençoada

Metas da semana

Motivos de oração

Comprar

Ideias

Prepare-se para uma semana de jugo suave
Leitura: Mateus 10: 27-33

O voo do pardal

...nenhum deles cai no chão sem o conhecimento de seu Pai.
Mateus 10:29

Certa noite após o jantar, um pequeno pardal voou para dentro de nossa casa pela porta da frente. Começou uma perseguição. Toda vez que meu marido chegava perto dele, o pequeno intruso voava desesperadamente em busca de uma saída. Antes que pudéssemos conduzi-lo com segurança para fora, o pássaro voou de um lado para outro da casa tão assustado, que podíamos notar seu peito palpitando fortemente.

Às vezes somos como aquele pequeno pássaro — ansiosas, extenuadas, e com medo do que possa vir a acontecer. Conforta-me saber que "...nenhum deles cai no chão..." sem que Deus o saiba (Mateus 10:29). Ele vê e sabe tudo o que acontece em nosso mundo.

"Os olhos do Senhor estão em todo o lugar..." (Provérbios 15:3), e nada escapa da Sua atenção, incluindo você e eu. Deus entende e valoriza os menores detalhes de nosso ser. Jesus disse: "...até os cabelos de sua cabeça estão contados" (Mateus 10:30).

É surpreendente saber que Deus guarda um registro de nossas trivialidades pessoais e está ciente até mesmo dos infortúnios de um pássaro. Sendo Ele conhecedor desses pormenores, podemos confiar que Ele vê, e se importa com tudo o que nos acontece e nos deixa agitadas, até com as maiores coisas. Quando pedimos a Deus para nos ajudar, a Sua resposta é sempre adequada, pois Ele nos conhece perfeitamente e conhece as nossas circunstâncias. Confiemos a Ele as nossas ansiedades.

Jennifer Benson Schuldt

Janeiro

DOM
Aniversariantes do dia:
- manhã
- tarde
- noite

SEG
Aniversariantes do dia:
- manhã
- tarde
- noite

TER
Aniversariantes do dia:
- manhã
- tarde
- noite

Semana abençoada

Metas da semana

Motivos de oração

Comprar

Ideias

Prepare-se para uma semana de palavras sábias
Leitura: Efésios 4:25-32

Segredos

As palavras do sábio trazem aprovação...
ECLESIASTES 10:12

Alguns dizem que o anonimato é o último refúgio dos covardes. Se eu julgasse pelas cartas e comentários enviados anonimamente que tenho lido, até concordaria. Pessoas que se escondem atrás da máscara do anonimato ou falsa identidade sentem-se livres para lançar fora toda a ira ou longos discursos que ferem. O anonimato permite que as pessoas sejam indelicadas, sem assumirem a responsabilidade por suas palavras.

Ao ser tentada a escrever algo anonimamente por não querer ser identificada com as minhas próprias palavras, paro e reconsidero: "Se não quero meu nome ligado ao comentário, provavelmente, não deveria escrevê-lo." Em seguida, tomo uma das duas atitudes: rasgo ou reescrevo o texto de maneira que o torne útil ao invés de inútil.

De acordo com o texto em Efésios, nossas palavras devem "ser boas e úteis a fim de transmitir ânimo" (4:29). Se não estiver disposta a comprometer meu nome, haverá motivo para acreditar que a minha motivação é machucar e não ajudar.

Quando você sentir o desejo de repassar um segredo — talvez para um membro da família, colega de trabalho ou ao seu pastor — reflita se há algum motivo para evitar que seu nome seja identificado por suas palavras. Além disso, se você não quer ser identificada, provavelmente Deus também não. Ele é misericordioso e tardio em irar-se (Êxodo 34:6) e nós também devemos ser assim.

Julie Ackerman Link

Janeiro

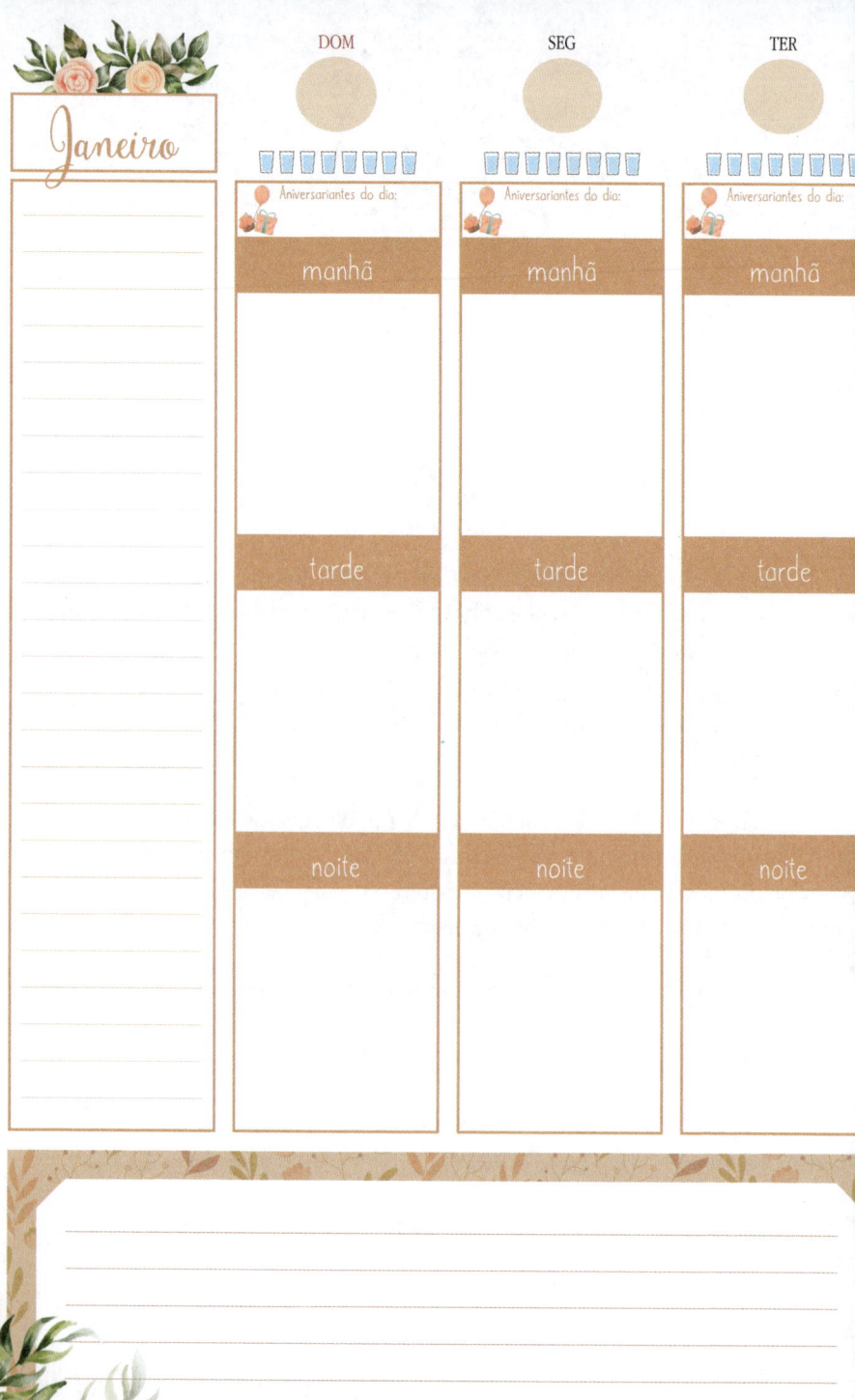

DOM	SEG	TER
manhã	manhã	manhã
tarde	tarde	tarde
noite	noite	noite

QUA	QUI	SEX	SÁB
Aniversariantes do dia:	Aniversariantes do dia:	Aniversariantes do dia:	Aniversariantes do dia:
manhã	manhã	manhã	manhã
tarde	tarde	tarde	tarde
noite	noite	noite	noite

Semana abençoada

Metas da semana

Motivos de oração

Comprar

Ideias

Prepare-se para uma semana de perseverança
Leitura: Hebreus 11:32-40

Os outros

Felizes são vocês quando, por minha causa, sofrerem zombaria e perseguição, e quando outros, mentindo, disserem todo tipo de maldade a seu respeito [...] porque uma grande recompensa os espera no céu.
Mateus 5:11-12

Durante a minha infância, muitas vezes, eu passava uma semana das férias de verão na casa dos meus avós. Passei muitas tardes no jardim deitada na rede e lendo os livros que encontrava na estante do vovô. Um deles era o *Livro dos Mártires* (Publicações Pão Diário, 2021), uma leitura pesada para uma criança, mas eu me envolvia com os relatos detalhados das histórias dos mártires cristãos, que recebiam ordens para negar sua fé em Cristo, mas se recusavam a cumpri-las — sofrendo assim mortes horríveis.

Na carta aos Hebreus encontramos histórias parecidas. Após listar os nomes conhecidos daqueles que demonstraram imensa fé em Deus, o capítulo 11 relata a tortura e morte de outros mencionando-os simplesmente como "outros" (vv.35-36). Apesar de seus nomes não serem citados, o versículo 38 lhes presta este tributo: "este mundo não era digno deles". Eles morreram corajosamente por sua fé em Jesus.

Hoje em dia, ouvimos sobre cristãos perseguidos ao redor do mundo, mas ainda assim muitos de nós não fomos provados a esse ponto. Quando examino a minha própria fé, fico imaginando como eu reagiria diante da perspectiva de martírio. Imagino que tomaria a atitude de Paulo, que disse que apesar da "prisão e sofrimento" que o esperavam (Atos 20:23), seu anseio era completar a corrida da vida dando "testemunho das boas-novas" (v.24). E nós, encaramos a vida com esse tipo de atitude confiante?

Cindy Hess Kasper

Janeiro

	DOM	SEG	TER
manhã			
tarde			
noite			

Aniversariantes do dia:

Planejamento fevereiro

DOM	SEG	TER

Ninguém jamais viu a Deus. Mas, se amamos uns aos outros, Deus permanece em nós, e seu amor chega, em nós, à expressão plena. 1 João 4:12

Planejamento fevereiro

QUA	QUI	SEX	SÁB

Encontramos alegria quando aprendemos a permanecer no amor de Jesus.

Objetivos para fevereiro

Escreva seus planos a lápis e deixe a borracha com Deus.

Semana abençoada

Metas da semana

Motivos de oração

Comprar

Ideias

Prepare-se para uma semana de esperança

Leitura: Hebreus 11:13-16,23-27

Olhando para trás

Todos eles morreram na fé e, embora não tenham recebido todas as coisas que lhes foram prometidas, as avistaram de longe...
Hebreus 11:13

Em uma de nossas viagens de trem, meu marido e eu sentamos de costas de Grand Rapids até Chicago, EUA. Viajando nesta posição, tudo o que podíamos ver era por onde havíamos passado, não para onde estávamos indo. Prédios, lagos e árvores passavam pelas janelas após termos passado por eles. Confesso que não gostei disto. Preferiria ver tudo à minha frente, para onde estávamos indo.

Às vezes podemos nos sentir assim sobre a vida também, querendo ver o que está adiante. Gostaríamos de saber como vão ficar algumas situações, e como Deus irá responder as nossas orações. Mas tudo o que podemos saber é onde já estivemos. Isto é, a não ser pela fé.

Na Bíblia, Hebreus 11, "o capítulo da fé," fala-nos sobre duas realidades que algumas pessoas nos tempos do Antigo Testamento podiam ver pela fé. Fala sobre Noé, Abraão e Sara; todos eles morreram na fé, tendo visto as promessas de longe. Eles "...de bom grado as aceitaram [...] buscavam uma pátria superior, um lar celestial..." (vv.13,16). Além da promessa do céu, o versículo 27 nos fala que Moisés também pôde ver "...aquele que é invisível", isto é, Cristo.

Embora não saibamos os resultados das dificuldades de hoje, nós, os que cremos em Jesus podemos, pela fé, ver para onde estamos indo: Teremos um lar celestial onde iremos habitar com Jesus para sempre.

Anne Cetas

Fevereiro

DOM	SEG	TER
manhã	manhã	manhã
tarde	tarde	tarde
noite	noite	noite

Semana abençoada

Metas da semana

Motivos de oração

Comprar

Ideias

Prepare-se para uma semana de renovação
Leitura: Romanos 11:33–12:2

Agora não

...deixem que Deus os transforme por meio de uma mudança em seu modo de pensar...
Romanos 12:2

Aspirantes a escritores podem ficar muito desencorajados ao terem seu trabalho rejeitado vez após outra. Quando enviam um manuscrito a uma editora, é comum receberem uma carta com a mensagem: "Obrigado, mas seu material não preenche nossas necessidades neste momento." Às vezes, o verdadeiro significado da mensagem é "não agora — nem nunca". Assim, eles tentam uma próxima editora, e uma após outra. Descobri que a frase "Isto não preenche nossas necessidades agora — nem nunca" pode ser útil na minha caminhada cristã, para renovar minha mente e voltar os meus pensamentos ao Senhor. Entenda o que quero dizer. Ao nos preocuparmos, podemos lembrar que *a preocupação não preenche minhas necessidades nem agora — nem nunca*.

A necessidade do meu coração é confiar em Deus. Não ficarei ansiosa "...com coisa alguma" (Filipenses 4:6). Quando invejamos aquilo que outra pessoa tem ou faz, podemos reforçar a verdade: A inveja não preenche minhas necessidades nem agora — nem nunca. Minha necessidade é dar graças a Deus. Sua Palavra diz: "...a inveja é como câncer nos ossos" (Provérbios 14:30) e "Sejam gratos em todas as circunstâncias..." (1 Tessalonicenses 5:18).

Não somos capazes de renovar as nossas mentes por nós mesmas (Romanos 12:2); esse é o agir transformador do Espírito Santo que habita em nós. No entanto, falar a verdade em nossos pensamentos pode nos ajudar a nos submetermos à ação do Espírito em nosso interior.

Anne Cetas

Fevereiro

DOM	SEG	TER
Aniversariantes do dia:	Aniversariantes do dia:	Aniversariantes do dia:
manhã	manhã	manhã
tarde	tarde	tarde
noite	noite	noite

QUA	QUI	SEX	SÁB

Aniversariantes do dia:

manhã

tarde

noite

Semana abençoada

Metas da semana

Motivos de oração

Comprar

Ideias

Prepare-se para uma semana de paz
Leitura: Josué 22:10-34

Conclusões precipitadas

> Não se ire facilmente,
> pois a raiva é a marca dos tolos.
> **Eclesiastes 7:9**

O e-mail não continha nada além de versículos bíblicos, e vinha de alguém que eu não conhecia muito bem na época em que houve um desentendimento entre os membros de um comitê da igreja, do qual eu fazia parte. Achei que os versículos eram uma forma de me acusar e fiquei zangada porque alguém que não conhecia todas as questões envolvidas estava usando as Escrituras para me atacar.

Antes que pudesse retaliar, meu marido sugeriu que eu desse o benefício da dúvida ao invés de pensar o pior sobre a remetente. "Talvez haja uma explicação inocente," ele disse. Eu não imaginava o que poderia ser, mas segui o conselho e telefonei. "Obrigada por ligar," ela disse. "Meu computador está com vírus e espalhou mensagens usando trechos da nossa lição de Escola Dominical, aleatoriamente, para pessoas da minha lista de contatos." Engoli em seco e fiquei agradecida por Deus ter usado o meu marido para evitar que eu criasse um problema que não existia.

Tirando uma conclusão precipitada que era lógica, mas falsa, me aproximei perigosamente de um conflito desnecessário. Os israelitas fizeram o mesmo. Eles estavam prontos para a guerra porque, equivocadamente, acharam que o altar construído pelos seus irmãos era um sinal de rebelião contra Deus (Josué 22:9-34). Para evitar julgamentos incorretos, precisamos ser cuidadosas para compreender os fatos corretamente.

Julie Ackerman Link

Fevereiro

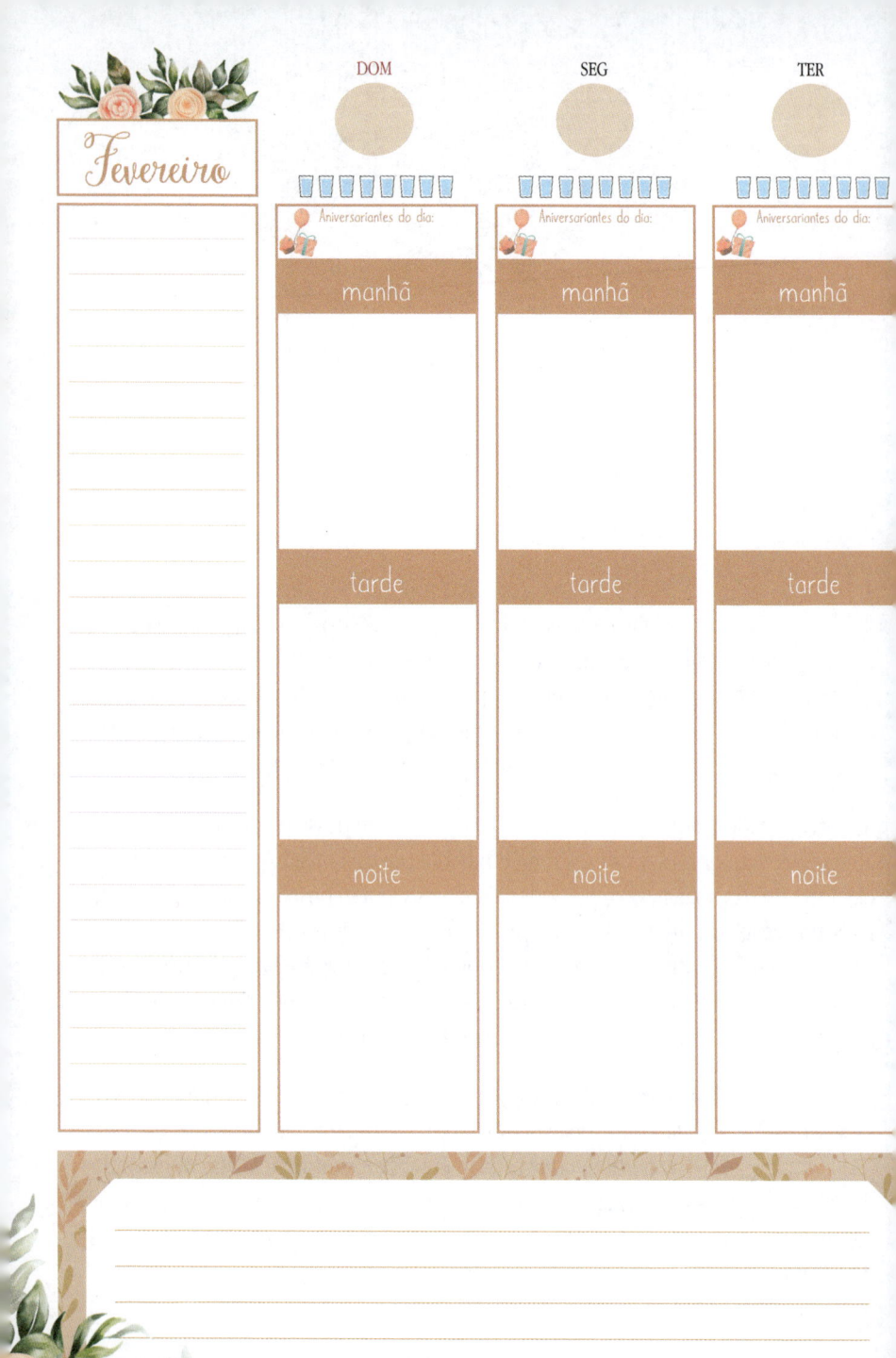

DOM	SEG	TER

Aniversariantes do dia:

manhã

tarde

noite

QUA	QUI	SEX	SÁB

Aniversariantes do dia:

manhã

tarde

noite

Semana abençoada

Metas da semana

-
-
-
-
-
-
-
-
-
-
-
-
-
-

Motivos de oração

-
-
-
-
-
-
-
-
-
-
-
-
-
-

Comprar

-
-
-
-
-
-
-
-

Ideias

-
-
-
-
-
-
-
-

Prepare-se para uma semana de adoração
LEITURA: Colossenses 3:12-17

Doce louvor

> Que a mensagem a respeito de Cristo, [...] preencha a vida de vocês. Ensinem e aconselhem [...] com o coração agradecido.
> **COLOSSENSES 3:16**

Alguns anos atrás, meu marido ajudou a liderar um grupo de alunos do Ensino Médio numa viagem missionária a uma escola cristã numa comunidade urbana. Infelizmente, Tom quebrara seu pé pouco antes da viagem e estava supervisionando o trabalho utilizando uma cadeira de rodas. Ele estava desanimado porque não podia se locomover como gostaria.

Enquanto trabalhava no andar térreo, algumas garotas estavam pintando no terceiro andar. Ele podia ouvi-las cantando cânticos de adoração em harmonia, à medida que suas vozes ecoavam pelas escadarias. Os cânticos, um após outro, tocaram o seu coração. Mais tarde ele disse: "Foi o som mais lindo que ouvi, e restaurou meu ânimo."

Em Colossenses 3 lemos: "Que a mensagem a respeito de Cristo, em toda a sua riqueza, preencha a vida de vocês. Ensinem e aconselhem uns aos outros com toda a sabedoria. Cantem a Deus salmos, hinos e cânticos espirituais com o coração agradecido" (COLOSSENSES 3:16). Aquelas adolescentes não estavam apenas oferecendo um doce louvor a Deus, estavam ministrando a um colega de trabalho.

Cultive uma atitude de adoração naquilo que estiver fazendo hoje. Seja por meio de cânticos ou de uma conversa, deixe a alegria do Senhor contagiar os outros. Você nunca sabe a quem poderá encorajar.

Cindy Hess Kasper

Fevereiro

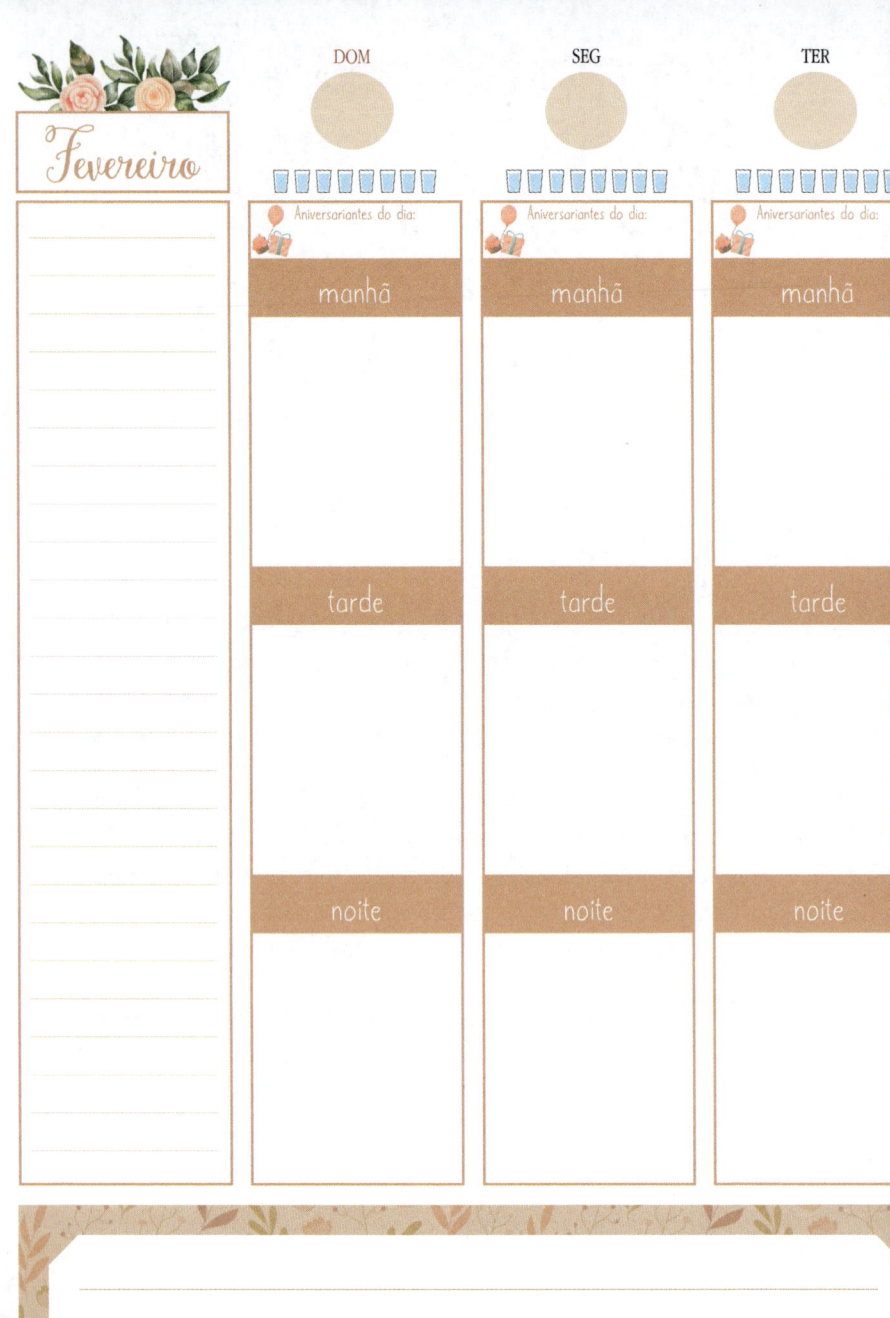

DOM	SEG	TER

Aniversariantes do dia:

manhã

tarde

noite

QUA	QUI	SEX	SÁB
Aniversariantes do dia:	Aniversariantes do dia:	Aniversariantes do dia:	Aniversariantes do dia:
manhã	manhã	manhã	manhã
tarde	tarde	tarde	tarde
noite	noite	noite	noite

Semana abençoada

Metas da semana

Motivos de oração

Comprar

Ideias

Prepare-se para uma semana de prudência
LEITURA: Números 20:1-13

Você está ouvindo?

...falem àquela rocha ali, e dela jorrará água.
—NÚMEROS 20:8

Ele estava frustrado, zangado e cansado de ser culpado por tudo o que acontecia de errado. Ano após ano, ele os havia guiado por um desastre após outro. Continuamente intercedia em favor de todos para livrá-los da dificuldade, mas tudo que obtinha por seus esforços eram mais reveses. Finalmente, irritado, disse: "Ouçam, seus rebeldes!" [...] "Será que é desta rocha que teremos de tirar água para vocês?" (NÚMEROS 20:10).

A sugestão poderia soar irracional, mas não era. Quarenta anos antes, a geração anterior tivera a mesma reclamação: falta de água. Deus dissera a Moisés que golpeasse a rocha com seu cajado (ÊXODO 17:6). Quando ele obedeceu, a água jorrou — muita água. Quando a murmuração reiniciou anos depois, Moisés fez o que havia funcionado antes. Mas nessa ocasião não era a atitude correta. Moisés disse aos israelitas que fizessem uma coisa — ouvir — o que ele próprio não havia feito. Deus havia dito a Moisés que, desta vez, falasse com a rocha, em vez de golpeá-la.

Algumas vezes quando estamos exaltadas ou exasperadas, não damos a devida atenção a Deus. Acreditamos que Ele sempre agirá da mesma forma. Mas não é assim que acontece. Às vezes, Ele nos aconselha a agir; outras a falar; outras a esperar. Por esse motivo, devemos ser sempre cuidadosas em ouvir antes de agir.

Julie Ackerman Link

Fevereiro

DOM	SEG	TER

Aniversariantes do dia:

- manhã
- tarde
- noite

Aniversariantes do dia:

- manhã
- tarde
- noite

Aniversariantes do dia:

- manhã
- tarde
- noite

QUA

Aniversariantes do dia:

manhã

tarde

noite

QUI

Aniversariantes do dia:

manhã

tarde

noite

SEX

Aniversariantes do dia:

manhã

tarde

noite

SÁB

Aniversariantes do dia:

manhã

tarde

noite

Planejamento março

	DOM	SEG	TER

"Que o Senhor conduza o coração de vocês ao amor de Deus e à perseverança que vem de Cristo." 2 Tessalonicenses 3:5

Planejamento março

QUA	QUI	SEX	SÁB

A oração sem expectativas é como a descrença disfarçada.

Objetivos para março

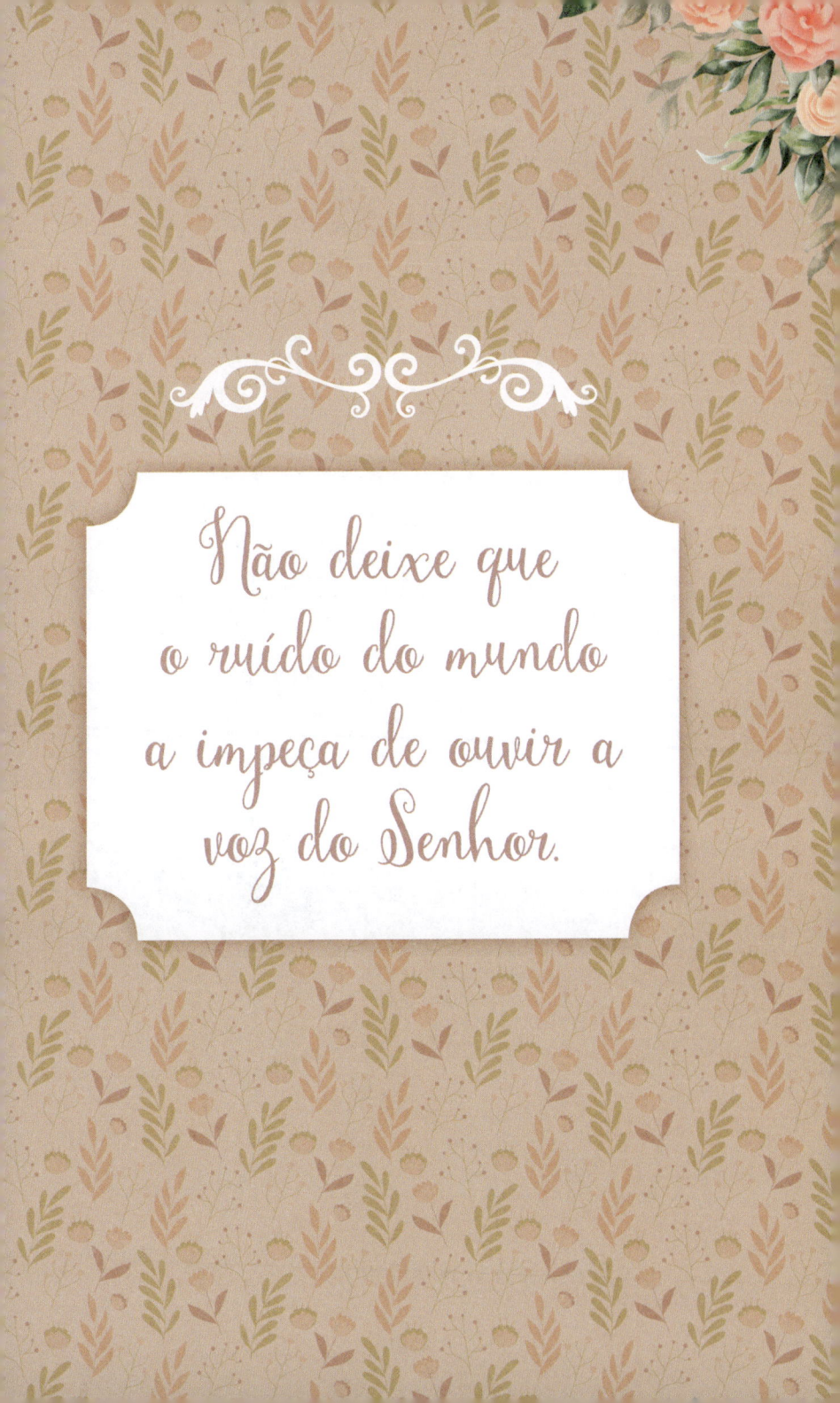

Não deixe que o ruído do mundo a impeça de ouvir a voz do Senhor.

Semana abençoada

Metas da semana

Motivos de oração

Comprar

Ideias

Prepare-se para uma semana de contemplação

Leitura: Marcos 1:35-45

Em busca de silêncio

...acalmei e aquietei a alma...
Salmo 131:2

A cantora Meg Hutchinson afirmou: "Meu próximo álbum terá 45 minutos de silêncio, porque isso é o que mais falta na sociedade." Silêncio é, de fato, algo difícil de ser encontrado. As cidades são notoriamente barulhentas, devido à grande concentração de tráfego e pessoas.

Parece ser impossível fugir de música em volume alto, máquinas ruidosas e vozes altas. Mas, o tipo de ruído que coloca em perigo o nosso bem-estar espiritual não é o ruído do qual não conseguimos fugir, mas o ruído que convidamos a entrar em nossa vida. Algumas de nós usamos o ruído como uma maneira de nos isolarmos da solidão: vozes de personalidades da TV e do rádio nos dão a ilusão de termos companhia. Algumas de nós utilizamos o ruído como uma maneira de manter os nossos próprios pensamentos isolados; outras vozes e opiniões nos poupam de termos de pensar por nós mesmas. Algumas de nós usamos o ruído como uma maneira de isolar a voz de Deus, pois a tagarelice constante, mesmo quando estamos falando sobre Deus, impede-nos de escutar o que Ele tem a nos dizer.

Mas Jesus, mesmo em Seus momentos de maior ocupação, fez questão de procurar lugares solitários onde pudesse conversar com Deus (Marcos 1:35). Mesmo que não encontremos um lugar perfeitamente calmo, precisamos descobrir um lugar para aquietar a nossa alma (Salmo 131:2), um lugar onde Deus possa ter a nossa total atenção.

Julie Ackerman Link

Março

DOM	SEG	TER
Aniversariantes do dia:	Aniversariantes do dia:	Aniversariantes do dia:
manhã	manhã	manhã
tarde	tarde	tarde
noite	noite	noite

QUA	QUI	SEX	SÁB
Aniversariantes do dia:	Aniversariantes do dia:	Aniversariantes do dia:	Aniversariantes do dia:
manhã	manhã	manhã	manhã
tarde	tarde	tarde	tarde
noite	noite	noite	noite

Semana abençoada

Metas da semana

-
-
-
-
-
-
-
-
-
-
-
-

Motivos de oração

-
-
-
-
-
-
-
-
-
-
-
-

Comprar

-
-
-
-
-
-
-
-

Ideias

-
-
-
-
-
-
-
-

Prepare-se para uma semana de luz

Leitura: Mateus 5:14-16; 1 Pedro 2:9-10

Brilhe!

Da mesma forma, suas boas obras devem brilhar, para que todos as vejam e louvem seu Pai, que está no céu.
Mateus 5:16

Durante um culto ao qual eu assistia com os meus pais, de acordo com a prática comum, demos as mãos ao orarmos o Pai Nosso. De pé, com uma das mãos segurando a mão da minha mãe e a outra segurando a do meu pai, fui tomada pelo pensamento de que sempre serei filha deles. Embora esteja na meia-idade, ainda posso ser chamada de "filha do Leo e da Phyllis". Refleti que não sou apenas filha deles, mas que serei sempre filha de Deus.

A ideia de luz é usada com frequência na Bíblia. Jesus afirmou que Ele é a luz do mundo (João 9:5). Somos ensinadas a nos vestirmos com "…a armadura da luz" e nos revestir-nos do Senhor Jesus Cristo. E Mateus 5:16 nos instrui: "…suas boas obras devem brilhar, para que todos as vejam e louvem seu Pai, que está no céu."

Uma luz que não brilha perdeu sua utilidade. Jesus disse que ninguém acende uma candeia para colocá-la debaixo do alqueire, mas no velador, e alumia a todos os que se encontram na casa (Mateus 5:15). Nossa luz (nossos atos) deve direcionar as pessoas àquele que é a Luz. Nós não temos brilho próprio, mas refletimos o brilho de Cristo (Efésios 5:8).

Deus colocou cada uma de nós em um ambiente específico, com certeza o melhor, para que possamos brilhar com Sua luz. Não seja como uma lâmpada de rua queimada. Brilhe!

Cindy Hess Kasper

Março

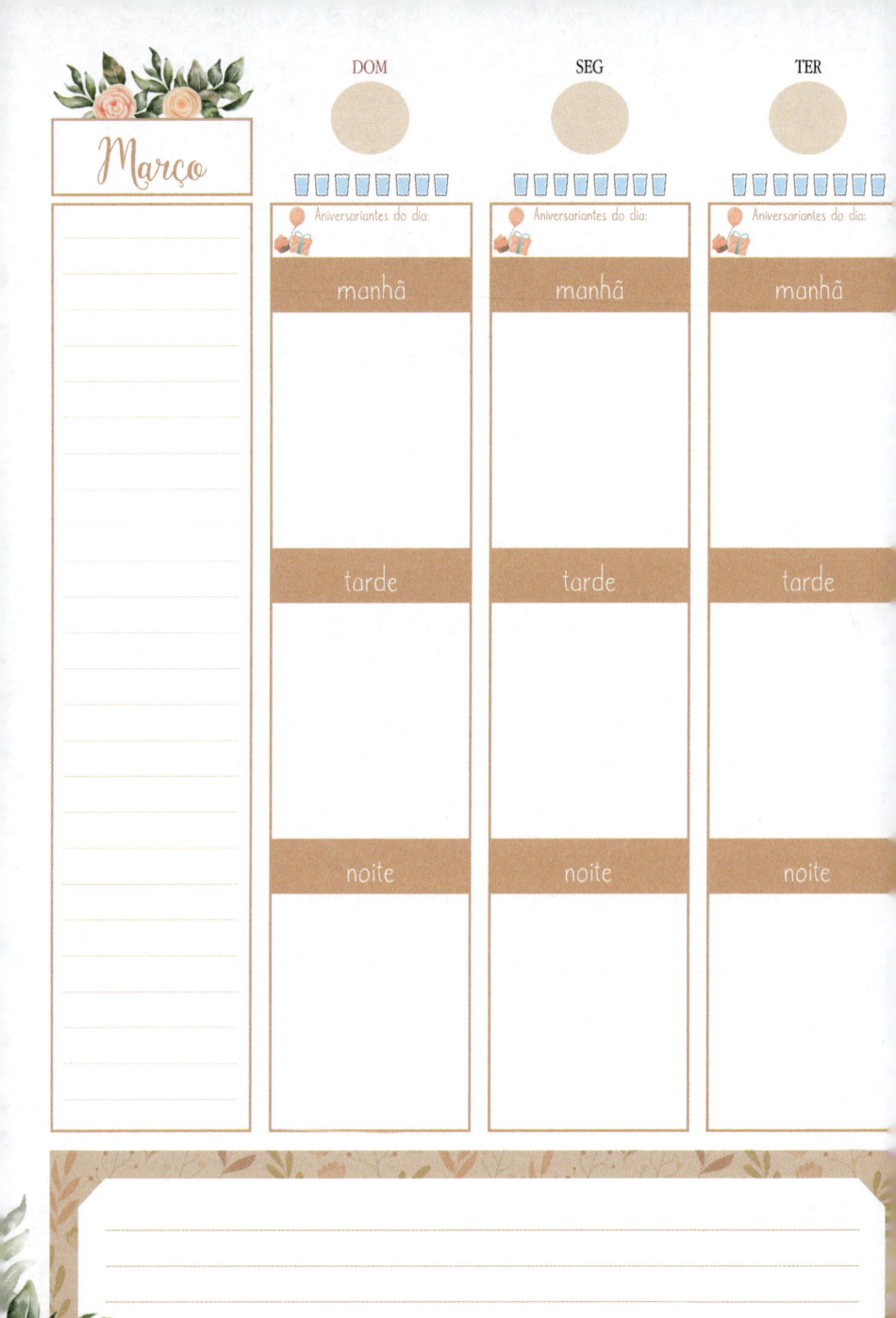

DOM	SEG	TER
Aniversariantes do dia:	Aniversariantes do dia:	Aniversariantes do dia:
manhã	manhã	manhã
tarde	tarde	tarde
noite	noite	noite

QUA	QUI	SEX	SÁB
Aniversariantes do dia:	Aniversariantes do dia:	Aniversariantes do dia:	Aniversariantes do dia:
manhã	manhã	manhã	manhã
tarde	tarde	tarde	tarde
noite	noite	noite	noite

Semana abençoada

Metas da semana

-
-
-
-
-
-
-
-
-
-
-
-
-

Motivos de oração

-
-
-
-
-
-
-
-
-
-
-
-
-

Comprar

-
-
-
-
-
-
-
-

Ideias

-
-
-
-
-
-
-
-

Prepare-se para uma semana de descanso em Deus
LEITURA: Mateus 11:25-30

Está muito ocupada?

Venham a mim todos vocês que estão cansados e sobrecarregados, e eu lhes darei descanso.
MATEUS 11:28

Pessoas que tentam ser simpáticas, às vezes perguntam: "Você está muito ocupada?" A pergunta parece inocente, porém, em minha opinião, abrange uma mensagem ardilosa. Entrelinhas, isto significa um teste de valor pessoal. Se não posso memorizar uma lista de afazeres, sinto como se estivesse admitindo que não tenho muito valor.

Um dos primeiros versículos que aprendi quando criança foi Mateus 11:28, "Venham a mim todos vocês que estão cansados e sobrecarregados, e eu lhes darei descanso." Na época, não significou muito porque eu entendia muito pouco sobre o cansaço. Contudo, agora que sou mais velha, sinto-me desafiada a acompanhar o ritmo do mundo para não ser deixada para trás.

Entretanto, os seguidores de Jesus não precisam viver dessa maneira. Ele não somente nos libertou da escravidão do pecado, mas também da dependência de precisarmos provar o nosso valor. O fazer muito para Deus nos faz sentir importantes, porém o que nos torna importantes para o Senhor é aquilo que permitimos que Ele realize em nossa vida — moldando-nos à imagem de Seu Filho (ROMANOS 8:28-30).

Julie Ackerman Link

Março

DOM
Aniversariantes do dia:

manhã

tarde

noite

SEG
Aniversariantes do dia:

manhã

tarde

noite

TER
Aniversariantes do dia:

manhã

tarde

noite

QUA

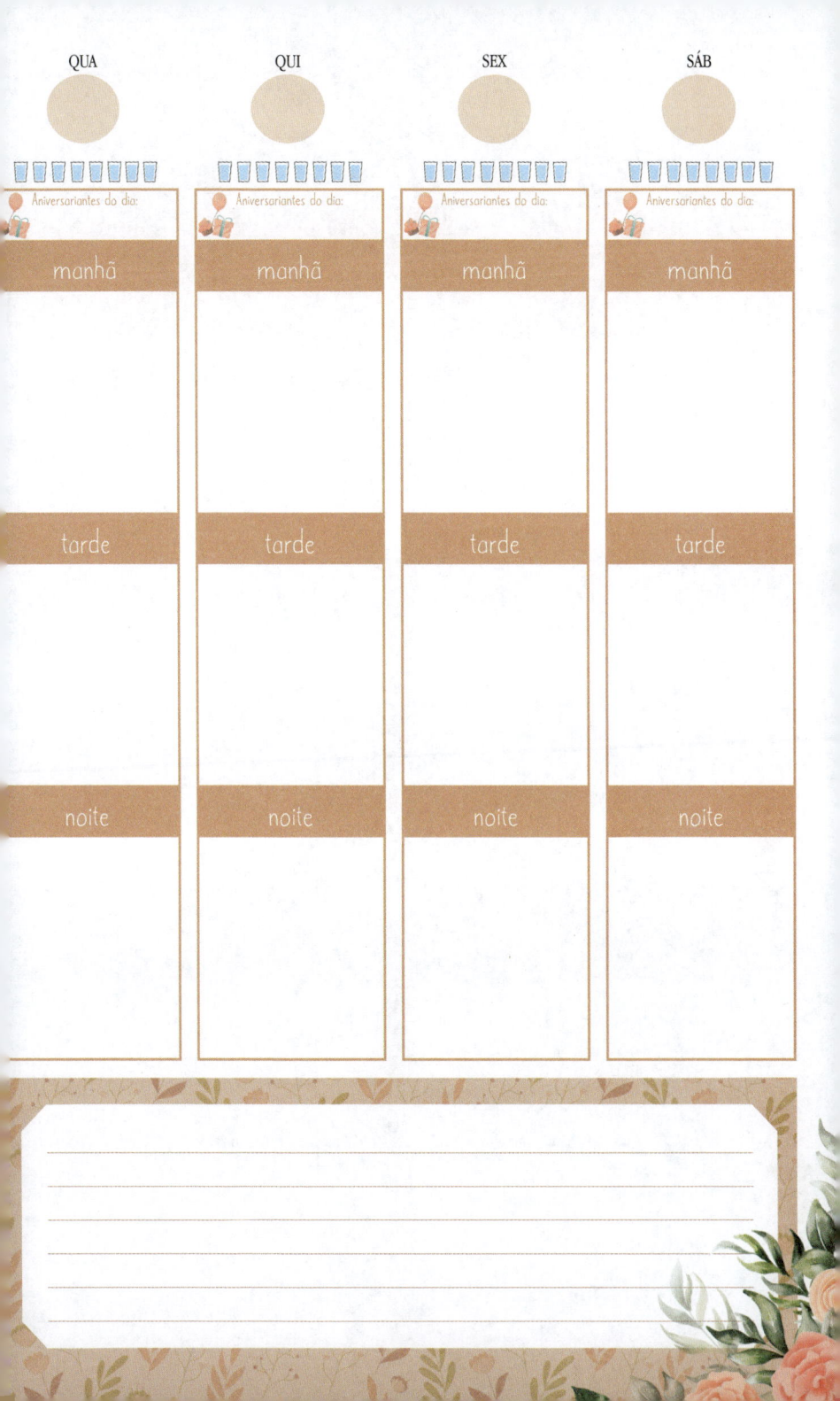

Aniversariantes do dia:

manhã

tarde

noite

QUI

Aniversariantes do dia:

manhã

tarde

noite

SEX

Aniversariantes do dia:

manhã

tarde

noite

SÁB

Aniversariantes do dia:

manhã

tarde

noite

Semana abençoada

Metas da semana

-
-
-
-
-
-
-
-
-
-
-
-

Motivos de oração

-
-
-
-
-
-
-
-
-
-
-
-

Comprar

-
-
-
-
-
-
-
-

Ideias

-
-
-
-
-
-
-
-

Prepare-se para uma semana de altruísmo
Leitura: João 13:31-35

A política é não sorrir

> Seu amor uns pelos outros
> provará ao mundo que são meus discípulos
> **João 13:35**

Habitualmente, as pessoas nos pedem para sorrir antes de tirarem a nossa foto. Mas, em algumas regiões dos EUA, não se deve sorrir ao tirar a foto para a carteira de motorista. Devido ao furto de identidade, os departamentos de trânsito verificam cuidadosamente as novas fotos para certificar-se de que elas não estejam cadastradas no sistema. Se alguém utilizar uma foto com um nome falso, um alarme será enviado ao operador. Em um período de 10 anos, um estado impediu que seis mil pessoas obtivessem habilitações fraudulentas. Mas, por que não sorrir? Porque a tecnologia reconhece uma face mais facilmente se a pessoa apresentar uma expressão facial neutra.

Jesus determinou uma boa maneira de reconhecer um cristão. Ele disse aos Seus discípulos: "Seu amor uns pelos outros provará ao mundo que são meus discípulos" (João 13:35). As maneiras de demonstrar amor por irmãos em Cristo são tão infinitas quanto o número de pessoas necessitadas: uma nota de encorajamento; uma visita; uma refeição; uma suave repreensão; uma oração; um versículo da Bíblia; um momento para ouvir o outro e até mesmo um simples sorriso amigo.

O apóstolo João escreveu: "Nós sabemos que já passamos da morte para a vida, porque amamos os irmãos…" (1 João 3:14). Os outros conseguem reconhecer, pelo nosso cuidado com os irmãos em Cristo, que conhecemos e amamos o Senhor?

Anne Cetas

Março

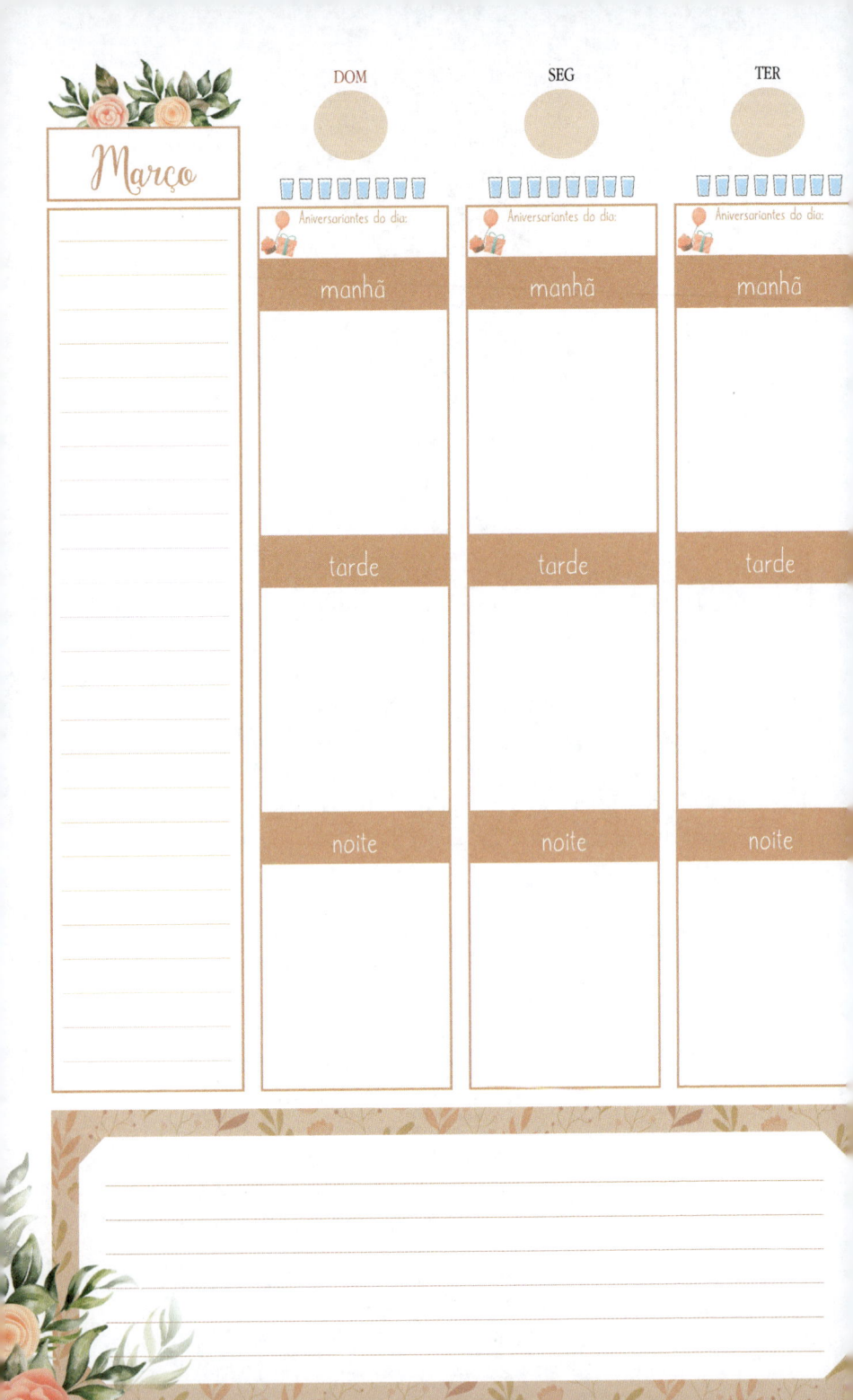

DOM	SEG	TER
Aniversariantes do dia:	Aniversariantes do dia:	Aniversariantes do dia:
manhã	manhã	manhã
tarde	tarde	tarde
noite	noite	noite

QUA	QUI	SEX	SÁB

Aniversariantes do dia: Aniversariantes do dia: Aniversariantes do dia: Aniversariantes do dia:

manhã | **manhã** | **manhã** | **manhã**

tarde | **tarde** | **tarde** | **tarde**

noite | **noite** | **noite** | **noite**

Semana abençoada

Metas da semana

Motivos de oração

Comprar

Ideias

Prepare-se para uma semana de ação de graças

Leitura: Filemom 1:4-16

Detalhes, detalhes

Sejam gratos em todas as circunstâncias...
—1 Tessalonicenses 5:18

Detalhes fazem a diferença. Pergunte ao alemão que pretendia visitar a noiva no feriado de Natal, mas acabou indo para a cidade de Sidney, coberta de neve, em Montana, nos EUA, em vez da ensolarada Sydney, na Austrália.

As preposições em nossa língua parecem um detalhe insignificante, mas podem fazer uma grande diferença. As palavras *em* e *por* são um exemplo disso.

O apóstolo Paulo escreveu: "Sejam gratos *em* todas as circunstâncias" (1 Tessalonicenses 5:18). Isso não significa que devemos ser gratos *por* tudo. Não precisamos ser gratos *pelos* (por + os) erros que alguém comete, mas podemos ser agradecidos *em* todas as circunstâncias, pois o Senhor pode usar as dificuldades resultantes para o bem.

A carta de Filemom ilustra esta ideia, quando Paulo estava preso com Onésimo, um escravo fugitivo. Ele certamente não precisava agradecer por sua situação difícil. Ainda assim, a sua carta estava cheia de gratidão, pois ele sabia que Deus estava usando essa situação para o bem. Onésimo se tornara algo mais, além de escravo agora era um amado irmão no Senhor (v.16).

Saber que Deus pode usar tudo para o bem é razão mais do que suficiente para darmos graças em tudo. Agradecer em situações difíceis é um pequeno detalhe que faz uma grande diferença.

Julie Ackerman Link

Março

DOM	SEG	TER

Aniversariantes do dia:

manhã

tarde

noite

QUA	QUI	SEX	SÁB

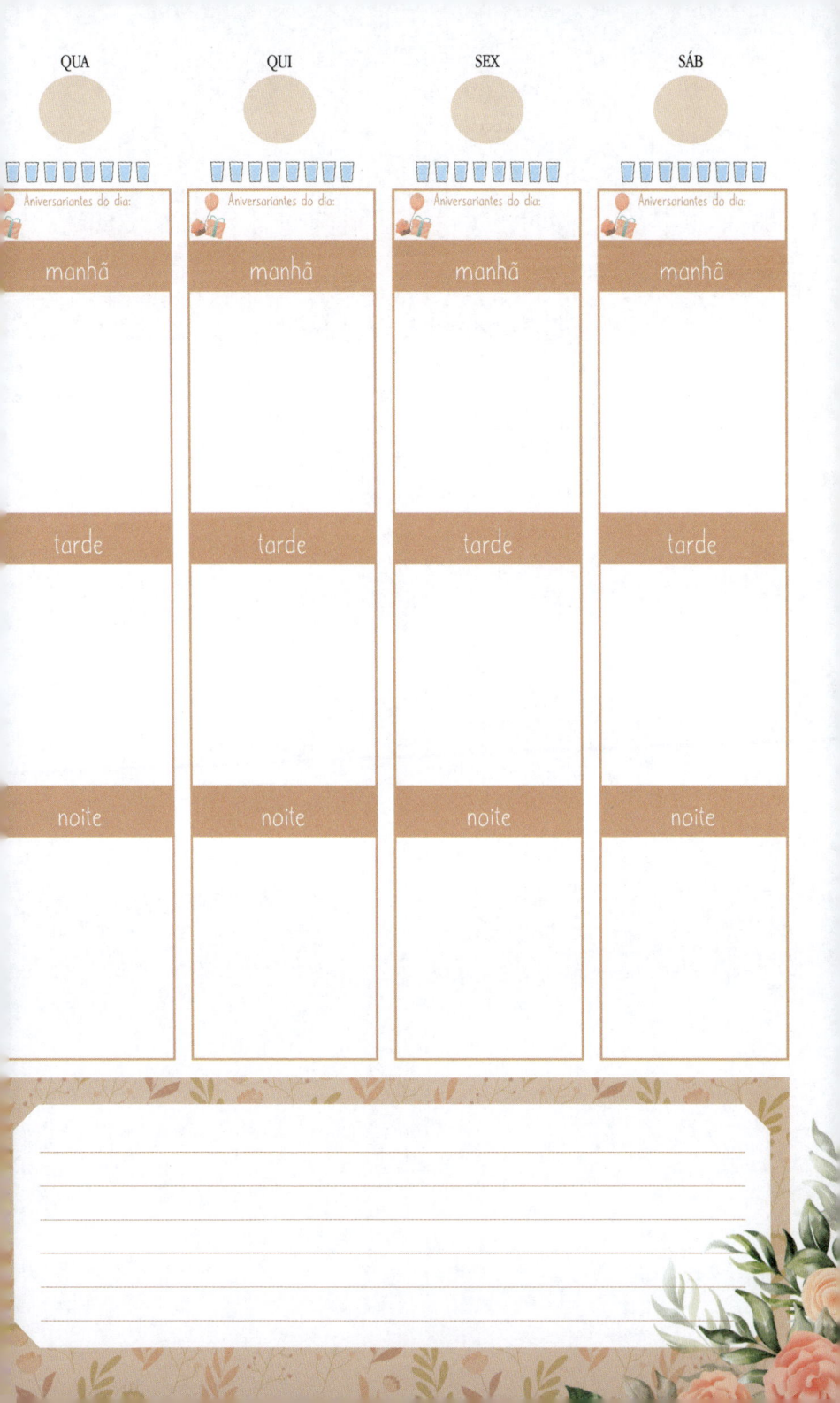

Aniversariantes do dia:

manhã

tarde

noite

Semana abençoada

Metas da semana

-
-
-
-
-
-
-
-
-
-
-
-
-
-

Motivos de oração

-
-
-
-
-
-
-
-
-
-
-
-
-
-

Comprar

-
-
-
-
-
-
-
-
-

Ideias

-
-
-
-
-
-
-
-
-

Prepare-se para uma semana de lealdade
Leitura: João 15:9-17

Devoção persistente

...e me darás a alegria de tua presença e o prazer de viver contigo para sempre.
Salmo 16:11

Maggie não liga muito para televisão. Ela prefere olhar para fora de uma janela do que para uma pequena tela. Ler também não a empolga, e ela é conhecida como "devoradora" de livros, mas somente em sentido estritamente literal. Porém, quando meu marido e eu lemos ou assistimos TV, ela também participa. Embora não goste do que estamos fazendo, ela gosta de ficar conosco. Maggie é nosso animal de estimação, muito leal e dedicada. Mais do que qualquer coisa, Maggie quer estar conosco.

As palavras "determinada" ou "persistente" descrevem Maggie muito bem, e servem para nós também. Quando somos dedicadas a Deus, queremos estar com Ele, mesmo que Ele esteja fazendo algo que não faz sentido para nós. Talvez perguntemos: "Ó Senhor, por que...?" quando Ele parece estar irado (Salmo 88:14) ou quando Ele parece estar dormindo (Salmo 44:23), ou quando o ímpio prospera (Jeremias 12:1). Se, no entanto, permanecermos leais a Deus apesar de nossas dúvidas, encontraremos a alegria completa em Sua presença (Salmo 16:11).

Jesus sabia que teríamos dúvidas. Para preparar-nos a elas, Ele insiste que permaneçamos em Seu amor (João 15:11). Mesmo quando os caminhos de Deus são inexplicáveis, podemos contar com Seu amor. Assim permanecemos absolutamente leais a Ele.

Julie Ackerman Link

Março

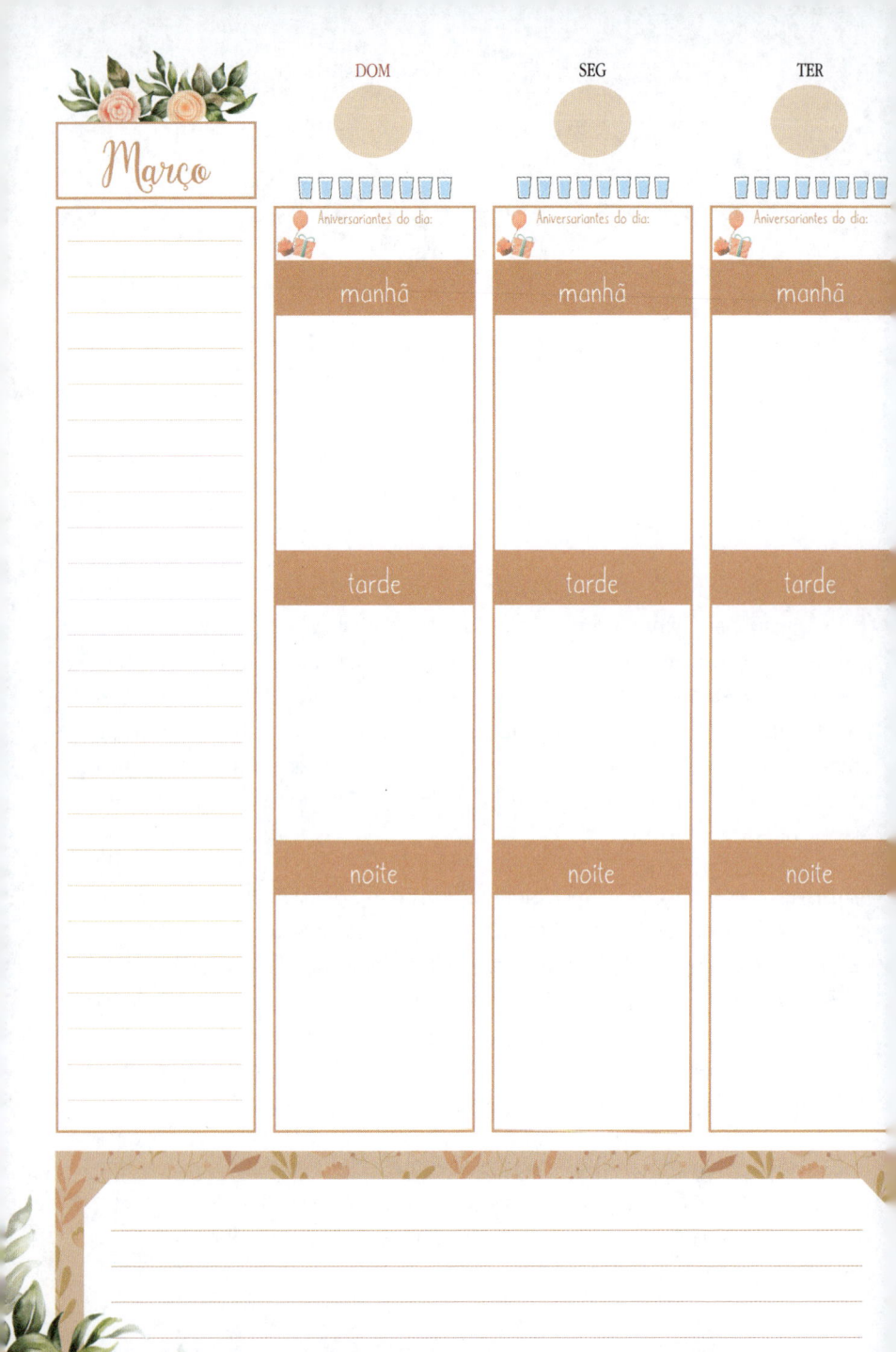

DOM	SEG	TER

Aniversariantes do dia:

manhã

tarde

noite

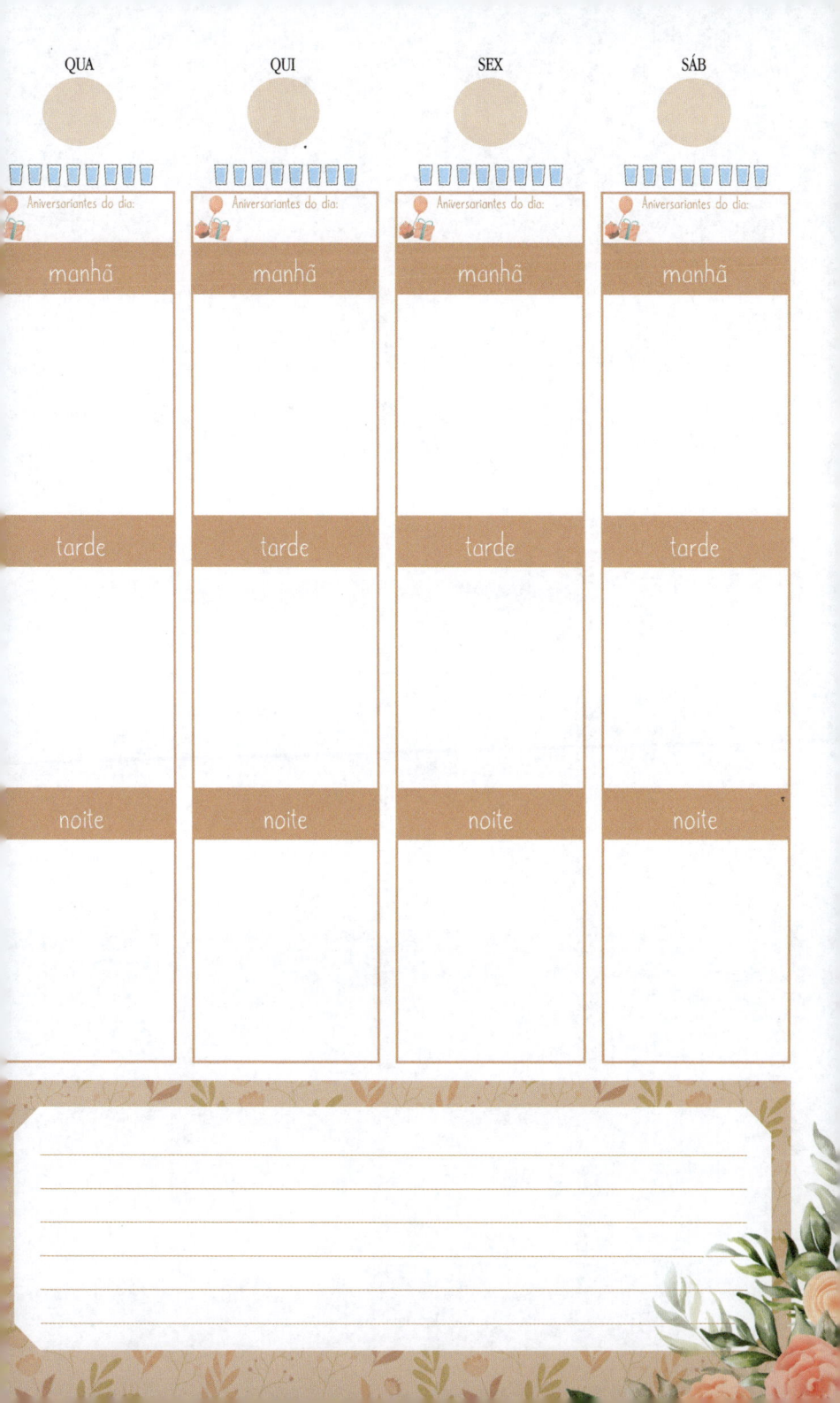

QUA	QUI	SEX	SÁB

Aniversariantes do dia:

manhã

tarde

noite

Planejamento abril

DOM	SEG	TER

"Não tenha medo nem desanime, pois o próprio Senhor irá adiante de vocês. Ele estará com vocês; não os deixará nem os abandonará." Deuteronômio 31:8

Planejamento abril

QUA	QUI	SEX	SÁB

Na presença de Deus, os nossos medos desaparecem.

Objetivos para abril

A medida do nosso amor por Deus é o quanto demonstramos amor aos Seus filhos.

Semana abençoada

Metas da semana

Motivos de oração

Comprar

Ideias

Prepare-se para uma semana de recomeços
Leitura: Deuteronômio 11:13-23

Como caminhamos

E, assim como ele foi ressuscitado dos mortos pelo poder glorioso do Pai, agora nós também podemos viver uma nova vida.
Romanos 6:4

Certo programa de televisão que gosto de assistir tem um segmento chamado *Maquiagem Perfeita*. Duas mulheres são escolhidas para se submeterem a três horas de mimos para atualizar seu cabelo, maquiagem e guarda-roupa. Frequentemente, a mudança é dramática. Quando as mulheres surgem por detrás de uma cortina, a plateia fica sem fôlego. Às vezes, os amigos e parentes começam a chorar. Só após tudo isso, a pessoa com a nova aparência finalmente pode ver-se a si mesma. Algumas ficam tão chocadas que continuam se olhando ao espelho, como que em busca de provas de que são elas mesmas.

Quando as mulheres atravessam o palco para se unirem aos acompanhantes, seu eu anterior torna-se evidente. A maioria não sabe nem como caminhar com os novos sapatos. Embora pareçam chiques, seu caminhar desajeitado as delata. Sua transformação é incompleta.

Isso também é válido para a nossa vida cristã. Deus faz a obra em nós para nos dar o recomeço, mas andar no caminho do Senhor (Deuteronômio 11:22) requer tempo, esforço e muita prática. Se apenas ficarmos paradas e sorrirmos, poderemos passar por pessoas transformadas. Mas, nossa maneira de caminhar denuncia o quanto fomos transformadas. Ser transformada significa abrir mão do nosso estilo de vida anterior e aprender uma nova maneira de caminhar (Romanos 6:4).

Julie Ackerman Link

Abril

	DOM	SEG	TER
	Aniversariantes do dia:	Aniversariantes do dia:	Aniversariantes do dia:
	manhã	**manhã**	**manhã**
	tarde	**tarde**	**tarde**
	noite	**noite**	**noite**

QUA	QUI	SEX	SÁB
Aniversariantes do dia:	Aniversariantes do dia:	Aniversariantes do dia:	Aniversariantes do dia:
manhã	manhã	manhã	manhã
tarde	tarde	tarde	tarde
noite	noite	noite	noite

Semana abençoada

Metas da semana

Motivos de oração

Comprar

Ideias

Prepare-se para uma semana de emoções

Leitura: João 11:32-44

Perdão pelas lágrimas

Jesus [...] sentiu profunda indignação e grande angústia.
João 11:33

Minha amiga estava passando por uma grande mudança em sua vida — ela estava deixando o seu emprego de 50 anos por um novo empreendimento, e chorou ao se despedir, pedindo: "Perdão pelas lágrimas."

Por que, às vezes, sentimos necessidade de nos desculpar por chorar? Talvez vejamos as lágrimas como uma demonstração de fraqueza de caráter ou vulnerabilidade que não apreciamos. Talvez estejamos desconfortáveis ou achamos que as nossas lágrimas causam desconforto aos outros.

Entretanto, nossas emoções foram dadas pelo Senhor. Elas são uma das nossas características por termos sido criados à imagem e semelhança de Deus (Gênesis 1:27). Ele sofre. Em Gênesis 6:6-7, Deus estava triste e zangado com o pecado de Seu povo e a separação que isso causava entre eles. Jesus, o Deus encarnado — uniu-se às suas amigas Marta e Maria no sofrimento pela perda de Lázaro, o irmão delas, (João 11:28-44). "Jesus [...] sentiu profunda indignação e grande angústia (v.33). Ele "chorou" (v.35). "Jesus, sentindo-se novamente indignado, chegou ao túmulo…" (v.38). Duvido que Ele tenha se desculpado pelas lágrimas que verteu.

Ao chegarmos ao Céu, não haverá mais pranto, separação ou dor, e Deus enxugará dos nossos olhos toda lágrima (Apocalipse 21:4). Até lá, as lágrimas podem irromper. As desculpas não são necessárias.

Anne Cetas

Abril

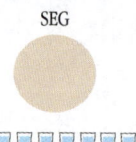

DOM	SEG	TER

Aniversariantes do dia:

manhã

tarde

noite

QUA

Aniversariantes do dia:

manhã

tarde

noite

QUI

Aniversariantes do dia:

manhã

tarde

noite

SEX

Aniversariantes do dia:

manhã

tarde

noite

SÁB

Aniversariantes do dia:

manhã

tarde

noite

Semana abençoada

Metas da semana

-
-
-
-
-
-
-
-
-
-
-
-

Motivos de oração

-
-
-
-
-
-
-
-
-
-
-
-

Comprar

-
-
-
-
-
-
-
-

Ideias

-
-
-
-
-
-
-
-

Prepare-se para uma semana de justiça no Senhor

Leitura: Ester 3:1-11; 7:1-10

Justiça poética

...A vingança cabe a mim, eu lhes darei o troco, diz o Senhor
Romanos 12:19

Durante quase um ano, um ex-colega editor viveu sob a ameaça de demissão. Por razões desconhecidas, um novo chefe do departamento começou a preencher os arquivos do seu pessoal com comentários negativos. Mas, no dia em que meu amigo esperava perder seu emprego, o novo chefe foi demitido.

Quando os israelitas foram levados cativos à Babilônia, um judeu chamado Mardoqueu se encontrou nesse tipo de situação. Hamã, o mais engrandecido que estava com o rei Xerxes, esperava que todo oficial real se ajoelhasse e o honrasse, mas Mardoqueu recusou prostrar-se a alguém além de Deus (Ester 3:1-2). Esta atitude ultrajou Hamã, fazendo-o decidir destruir não apenas Mardoqueu, mas todos os judeus em todo o império persa (vv.5-6). Hamã convenceu Assuero a assinar um decreto autorizando a destruição de todos os judeus e começou a construir uma forca para a execução de Mardoqueu (5:14). Mas, numa surpreendente reviravolta dos acontecimentos, Hamã foi executado na forca que construíra para Mardoqueu, e o povo judeu foi poupado (7:9-10; 8).

Na literatura, isso se chama *justiça poética*. Nem todos são justiçados de maneira tão dramática, mas as Escrituras prometem que, um dia, Deus vingará toda a injustiça (Romanos 12:19). Enquanto esperamos, devemos fazer o que pudermos para trabalhar por justiça e deixar os resultados nas mãos de Deus.

Julie Ackerman Link

Abril

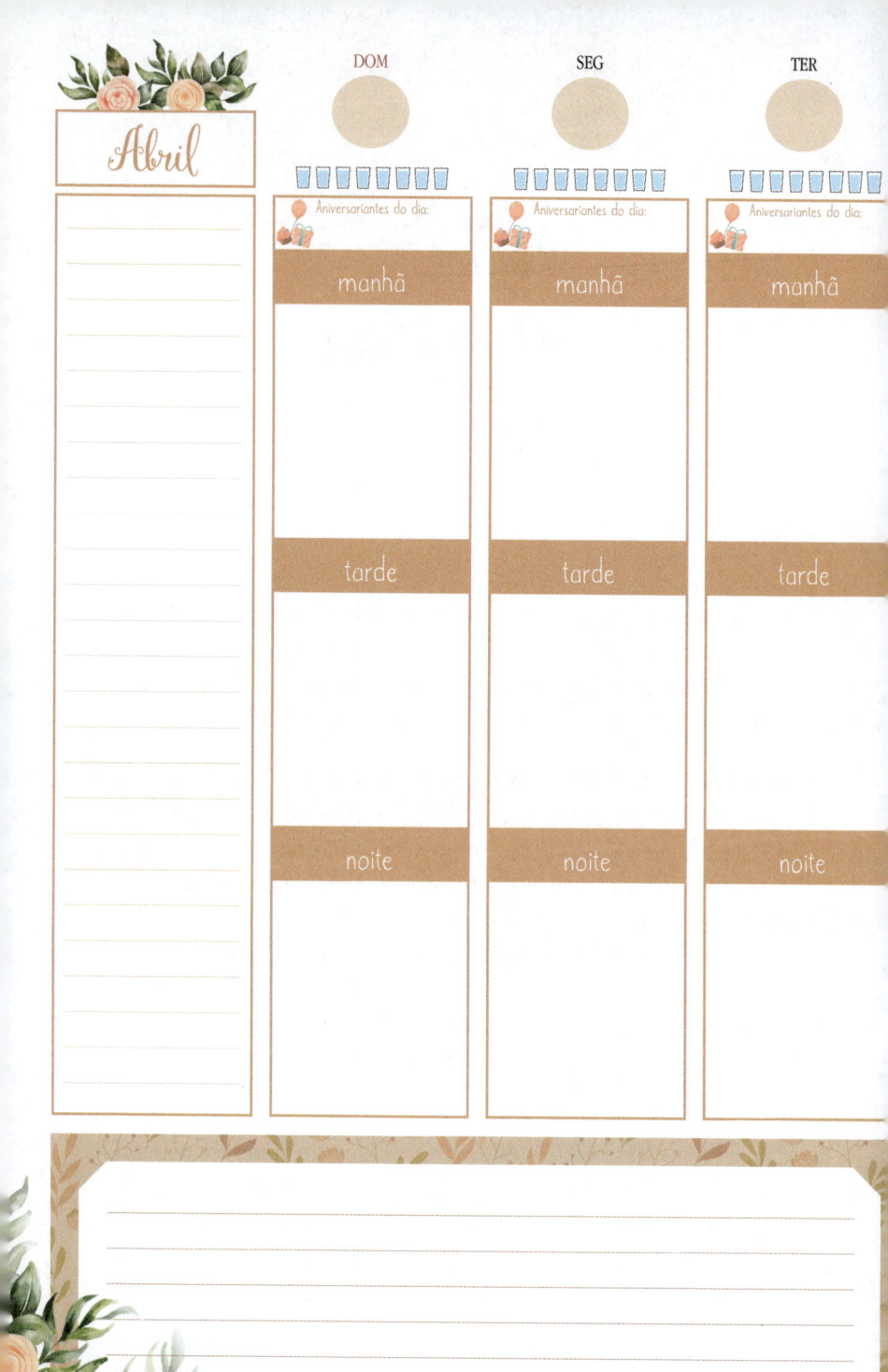

DOM	SEG	TER
Aniversariantes do dia:	Aniversariantes do dia:	Aniversariantes do dia:
manhã	manhã	manhã
tarde	tarde	tarde
noite	noite	noite

QUA

Aniversariantes do dia:

manhã

tarde

noite

QUI

Aniversariantes do dia:

manhã

tarde

noite

SEX

Aniversariantes do dia:

manhã

tarde

noite

SÁB

Aniversariantes do dia:

manhã

tarde

noite

Semana abençoada

Metas da semana

Motivos de oração

Comprar

Ideias

Prepare-se para uma semana de compartilhamentos

Leitura: 2 Timóteo 3:14-17

Verdade ou mentira

Esforce-se sempre para receber a aprovação do Deus a quem você serve.

2 Timóteo 2:15

Estêvão tem o hábito de testemunhar para seus colegas de trabalho. Mas ao mencionar algo diretamente da Bíblia, alguém frequentemente responde: "Espere! Isso foi escrito por homens, e está cheio de erros como qualquer outro livro."

Esta carta ao editor de nosso jornal local expressa um pensamento semelhante: "Os cristãos dizem que a Bíblia é a palavra infalível de Deus, mas não vejo razão aparente para acreditar que as palavras escritas na Bíblia, pelo homem, sejam mais infalíveis do que as palavras escritas pelo homem numa revista de ciências."

Qual a nossa reação quando a Palavra de Deus é descartada tão prontamente como se fosse apenas palavras escritas por homens e sujeitas a erros? Muitos de nós não somos estudiosos da Bíblia e por isso podemos não ter a resposta. Mas se a lermos um pouco (2 Timóteo 2:15), encontraremos a evidência de que ela é inspirada por Deus (3:16) e, portanto, digna de confiança. Considere o seguinte: Por um período de 1600 anos, 40 autores diferentes escreveram 66 livros da Bíblia. Houve 400 anos de silêncio entre os 39 livros do Antigo Testamento e os 27 do Novo Testamento. Mesmo assim, de Gênesis ao livro de Apocalipse temos uma única história.

Embora aceitemos a Bíblia pela fé, há evidências suficientes de que ela é verdadeira. Sejamos diligentes para estudar e compartilhar o que aprendemos com os outros.

Anne Cetas

Abril

DOM	SEG	TER
Aniversariantes do dia:	Aniversariantes do dia:	Aniversariantes do dia:
manhã	manhã	manhã
tarde	tarde	tarde
noite	noite	noite

QUA	QUI	SEX	SÁB
Aniversariantes do dia:	Aniversariantes do dia:	Aniversariantes do dia:	Aniversariantes do dia:
manhã	manhã	manhã	manhã
tarde	tarde	tarde	tarde
noite	noite	noite	noite

Semana abençoada

Metas da semana

-
-
-
-
-
-
-
-
-
-
-
-

Motivos de oração

-
-
-
-
-
-
-
-
-
-
-
-

Comprar

-
-
-
-
-
-
-
-

Ideias

-
-
-
-
-
-
-
-

Prepare-se para uma semana de sensatez

Leitura: Atos 8:9-23

Aparências nocivas

...seu coração não é justo diante de Deus. Arrependa-se de sua maldade...
Atos 8:21-22

Nosso quintal deixa a hera venenosa feliz. Aprendi isto da pior maneira. Mesmo sendo cuidadosa, tive contato com a planta e acabei ficando com brotoejas horríveis.

A hera venenosa se parece com plantas inofensivas, e fica no meio de algumas bem bonitas. Uma mulher que trabalhava no jardim não conseguia descobrir por que apareciam heras venenosas sempre que podava suas roseiras. Mais tarde encontrou uma trepadeira de hera venenosa tirando vantagem do cuidado amoroso que ela dava à sua roseira.

Algumas pessoas são como plantas tóxicas. Elas parecem inofensivas e se misturam com as pessoas que, como rosas, são cheirosas e lindas. Simão, o mágico, cabe nesta descrição. Ele seguiu Filipe e foi batizado, mas em seguida quis comprar o direito de impor as mãos sobre as pessoas para que recebessem o Espírito Santo. Pedro ficou horrorizado com este pedido e insistiu para que ele se arrependesse (Atos 8:22).

Às vezes, as pessoas usam o ambiente favorável de uma igreja saudável como uma rede de contato para os seus propósitos egoístas. À semelhança da hera venenosa entre as rosas, tais pessoas causam muita miséria. Como Simão, aquele que age dessa maneira precisa se arrepender, e todos os outros precisam evitar ter contato com esse tipo de pessoa. As aparências espirituais podem parecer boas, mas seus frutos podem ser nocivos.

Julie Ackerman Link

Abril

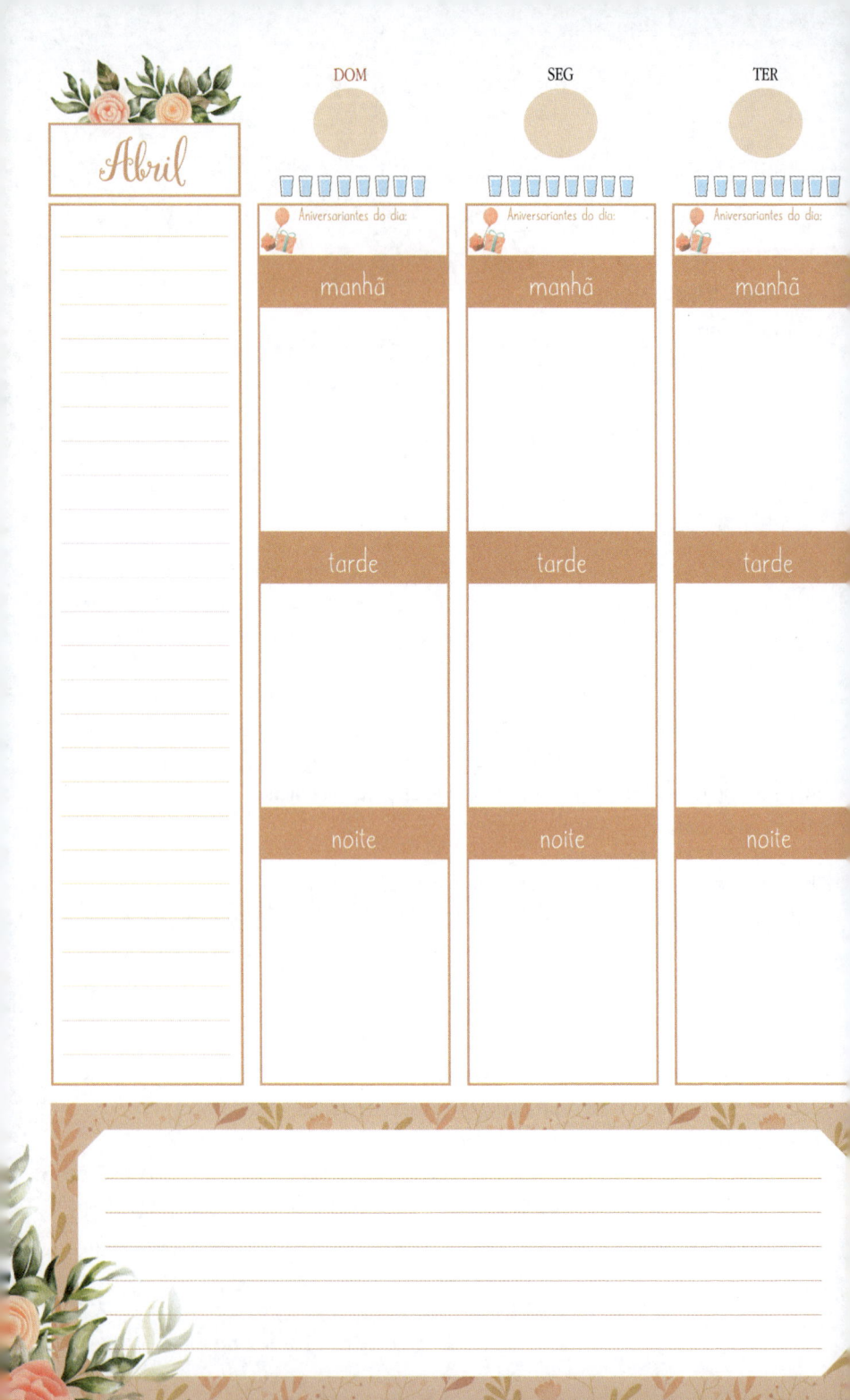

DOM	SEG	TER
○	○	○

Aniversariantes do dia:

manhã

tarde

noite

QUA	QUI	SEX	SÁB
Aniversariantes do dia:	Aniversariantes do dia:	Aniversariantes do dia:	Aniversariantes do dia:
manhã	manhã	manhã	manhã
tarde	tarde	tarde	tarde
noite	noite	noite	noite

Semana abençoada

Metas da semana

-
-
-
-
-
-
-
-
-
-
-
-

Motivos de oração

-
-
-
-
-
-
-
-
-
-
-
-

Comprar

-
-
-
-
-
-
-

Ideias

-
-
-
-
-
-
-

Prepare-se para uma semana de confiança

Leitura: Mateus 7:7-11

Expectativa

Portanto, se vocês, [...] sabem dar bons presentes a seus filhos, quanto mais seu Pai, que está no céu, dará bons presentes aos que lhe pedirem!

Mateus 7:11

Com as mãos cheias de cereais matinais, tentei espiar sorrateiramente alguns peixes no aquário do jardim. Talvez tenha sido a minha sombra na água... ou quem sabe não fui tão invisível quanto pensei. Enquanto me aproximava da grade, 15 enormes peixes dourados correram em minha direção, abrindo e fechando suas bocas freneticamente, na ávida expectativa de receber o alimento desejado.

Por que os peixes agitaram tão furiosamente as suas nadadeiras? Porque a minha simples presença acionou uma resposta condicionada em seus minúsculos cérebros de peixe, informando-os que eu tinha algo especial para lhes dar.

Ah! Se reagíssemos sempre assim com relação a Deus, e ao Seu desejo de nos dar boas dádivas — com uma reação alicerçada em nossa experiência anterior com Ele, que flui de um profundo conhecimento do Seu caráter.

O missionário William Carey declarou: "Espere grandes coisas de Deus. Empreenda grandes coisas para Ele." O Senhor deseja nos capacitar perfeitamente para aquilo que Ele deseja que façamos, e nos convida a nos aproximar "com toda confiança" para encontrarmos graça e misericórdia em ocasião oportuna (Hebreus 4:16).

Quando nós, como filhas de Deus, vivemos pela fé, podemos ter uma grande expectativa e a confiança de que Deus nos dará exatamente o que precisamos, no momento adequado (Mateus 7:8-11).

Cindy Hess Kasper

Abril

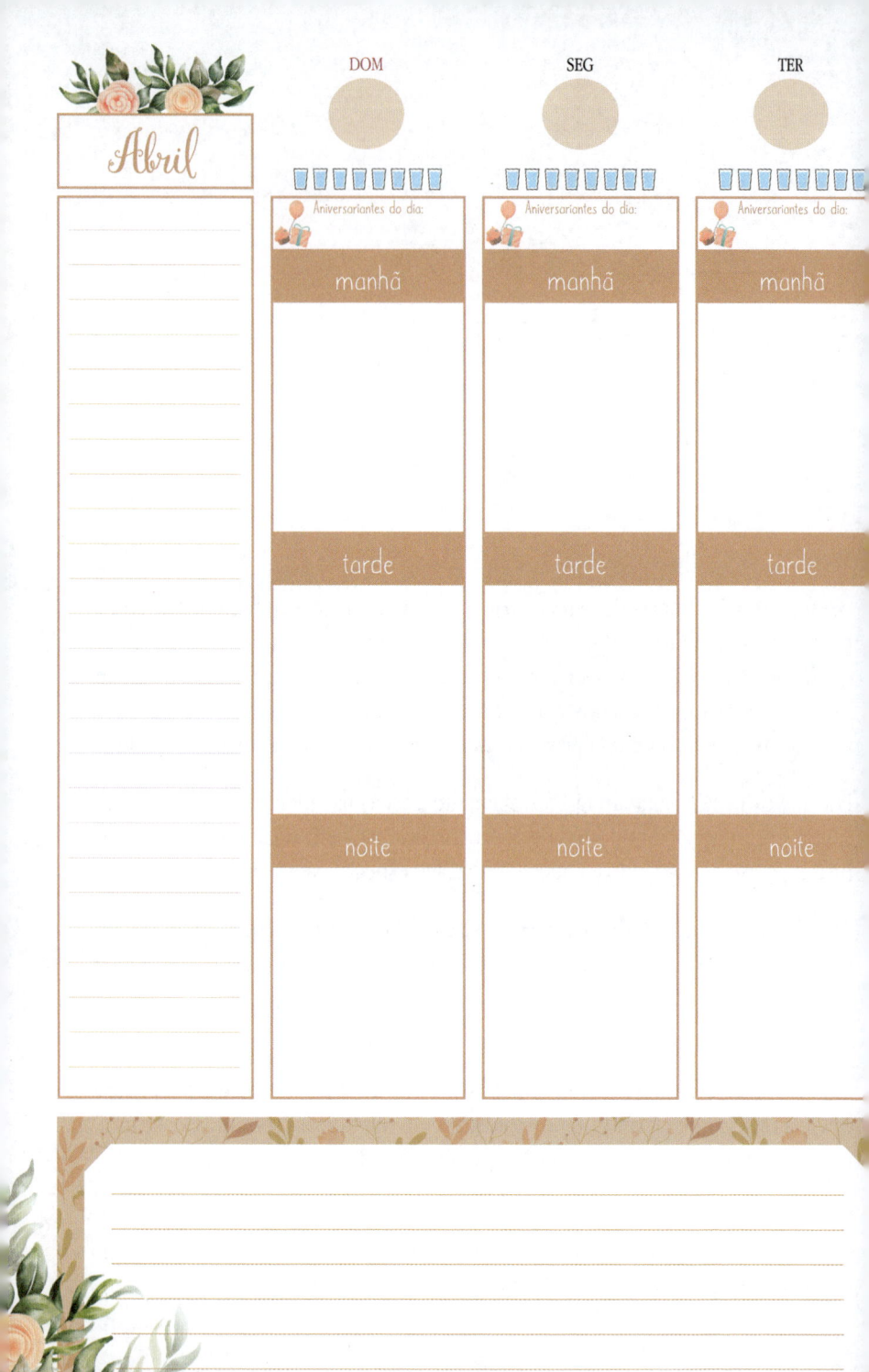

DOM	SEG	TER

Aniversariantes do dia:

manhã

tarde

noite

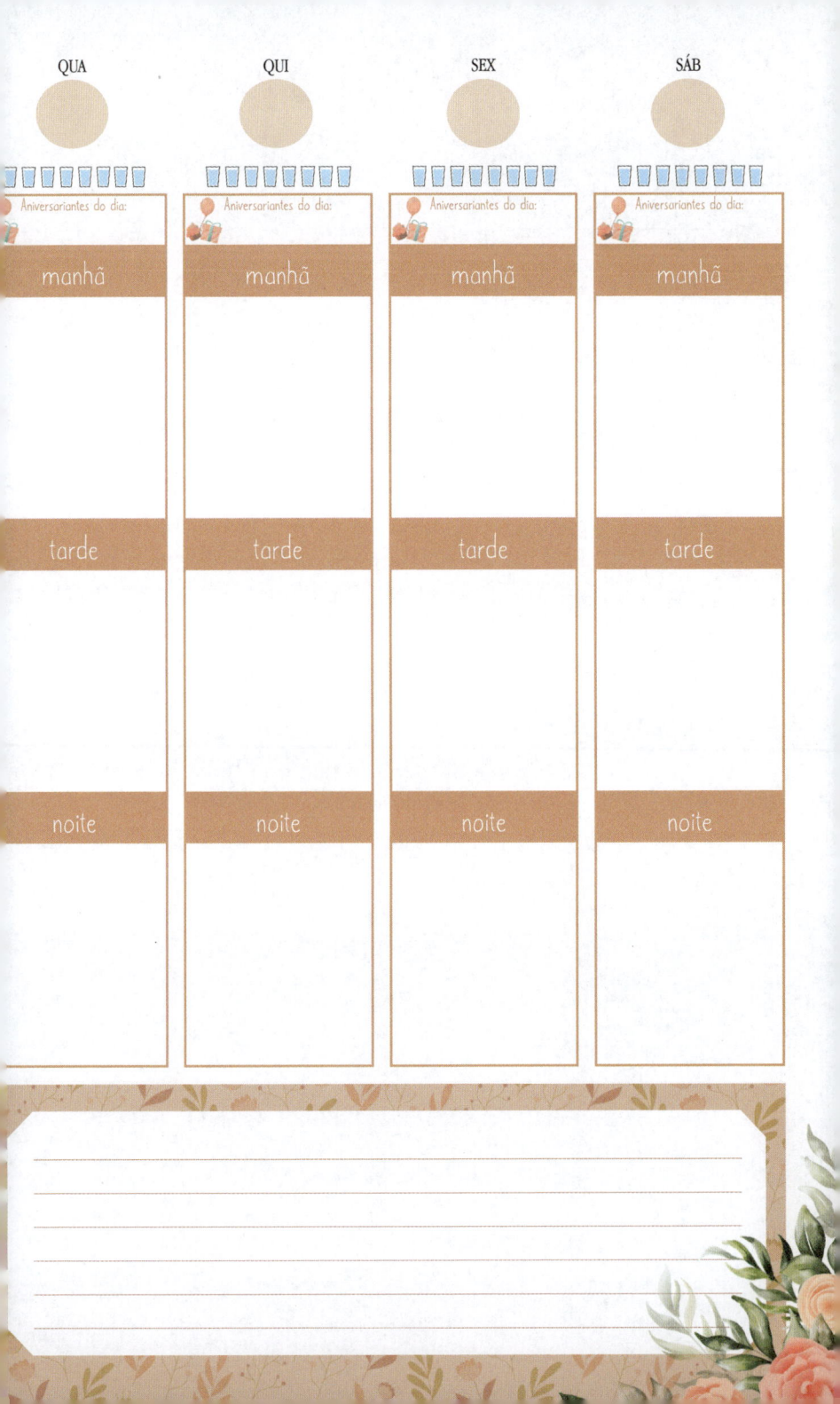

QUA	QUI	SEX	SÁB

Aniversariantes do dia:

manhã	manhã	manhã	manhã

tarde	tarde	tarde	tarde

noite	noite	noite	noite

Planejamento maio

	DOM	SEG	TER

Como é precioso o teu amor, ó Deus! Toda a humanidade encontra abrigo à sombra de tuas asas. SALMO 36:7

Planejamento maio

QUA	QUI	SEX	SÁB

Abrir mão dos nossos bens terrenos nos capacita a nos apegarmos ao tesouro celestial.

Objetivos para maio

O melhor momento para louvar a Deus é sempre o momento presente.

Semana abençoada

Metas da semana

Motivos de oração

Comprar

Ideias

Prepare-se para uma semana de ajuda secreta

Leitura: Mateus 6:1-4

Anseio pelo anonimato

Tu, porém, ao dares a esmola, ignore a tua mão esquerda o que faz a tua mão direita; para que a tua esmola fique em secreto...
Mateus 6:3-4

O impulso de me comportar mal e o desejo de ser anônima sempre aparecem juntos, como parceiros fazendo uma oferta de vendas por telefone e, tentando da melhor maneira possível me convencer de que posso me dispor a fazer algo errado, pois não serei responsabilizada.

A natureza humana nos diz que devemos nos aproveitar do anonimato para evitar assumir a culpa por nossas atitudes erradas. Entretanto, Deus nos diz algo diferente. Ele quer que usemos o anonimato para que evitemos receber o crédito pelo bem que praticamos (Mateus 6:4). Por que o anseio de permanecer anônima raramente acompanha o meu desejo de fazer o bem?

A Bíblia diz que não devemos permitir que uma mão saiba o bem que a outra está fazendo (Mateus 6:3-4). Em outras palavras, dentro do corpo de Cristo, nossas obras de caridade devem ser feitas sem chamar a atenção para nós mesmas. Todavia, isto não significa que Deus quer que as nossas boas obras permaneçam escondidas; apenas significa que devem trazer o louvor para Deus, não para nós (Mateus 5:16).

Ao oferecermos nossos serviços como voluntárias ou ao doarmos para igrejas ou organizações que trabalham em nome de Jesus, recebemos algo muito melhor do que a honra de nossas colegas. Recebemos recompensas de Deus e Ele recebe a glória dos outros! (1 Pedro 2:12).

Julie Ackerman Link

Maio

DOM	SEG	TER

Aniversariantes do dia:

manhã

tarde

noite

QUA	QUI	SEX	SÁB
Aniversariantes do dia:	Aniversariantes do dia:	Aniversariantes do dia:	Aniversariantes do dia:
manhã	manhã	manhã	manhã
tarde	tarde	tarde	tarde
noite	noite	noite	noite

Semana abençoada

Metas da semana

Motivos de oração

Comprar

Ideias

Prepare-se para uma semana de frutificação

Leitura: Gálatas 6:7-10

Sementes e fé

A pessoa sempre colherá aquilo que semear.
Gálatas 6:7

Li uma fábula sobre um homem que estava dando uma olhada numa loja, quando fez a descoberta chocante de que Deus estava atrás da caixa registradora. O tal homem foi até Ele e perguntou: "O que você está vendendo?" Deus respondeu: "O que o seu coração deseja?" O homem respondeu: "Quero felicidade, paz de espírito e libertar-me do medo. Quero isso para mim e para o mundo inteiro." Deus sorriu e disse: "Não vendo frutos aqui. Apenas sementes."

Em Gálatas 6, Paulo enfatizou a importância de plantar sementes de um comportamento que honre a Deus, "A pessoa sempre colherá aquilo que semear" (v.7). Não podemos esperar que iremos experimentar o fruto das bênçãos de Deus se não reconhecermos a importância de fazer a nossa parte. Será bom seguirmos o exemplo de outros que plantaram uma boa semente. O autor Samuel Shoemaker afirmou que um bom exemplo pode tanto nos inspirar quanto nos incitar a dizer: "Oh sim, ele (ou ela) é assim. Não há problemas com o temperamento, ou com os nervos, não é impaciente ou preocupado como eu; apenas tem um temperamento mais feliz." Samuel continuou: "talvez não nos ocorra que ele teve que lutar por sua serenidade e que sairíamos ganhando se fizéssemos o mesmo."

Você está cansada do seu jeito de ser? Peça a Deus que a ajude e comece hoje a plantar sementes de novas atitudes e reações. No devido tempo, o Espírito dará o crescimento.

Joanie Yoder

Maio

DOM	SEG	TER

Aniversariantes do dia:

manhã

tarde

noite

QUA	QUI	SEX	SÁB

Aniversariantes do dia: | Aniversariantes do dia: | Aniversariantes do dia: | Aniversariantes do dia:

manhã | **manhã** | **manhã** | **manhã**

tarde | **tarde** | **tarde** | **tarde**

noite | **noite** | **noite** | **noite**

Semana abençoada

Metas da semana

-
-
-
-
-
-
-
-
-
-
-
-
-
-
-

Motivos de oração

-
-
-
-
-
-
-
-
-
-
-
-
-
-
-

Comprar

-
-
-
-
-
-
-
-
-

Ideias

-
-
-
-
-
-
-
-
-

Prepare-se para uma semana de paciência
Leitura: Lucas 2:22-38

Esperando...

...felizes os que nele esperam.
Isaías 30:18

Na temporada de caça no estado de Michigan, nos EUA, todos os anos, durante algumas semanas, os caçadores licenciados têm permissão para ir às florestas e caçar diversas espécies de vida selvagem. Alguns caçadores constroem elaboradas plataformas em árvores, bem acima do chão, onde se sentam silenciosamente durante horas, esperando que um veado surja à distância de um tiro.

Quando penso nos caçadores, tão pacientes para esperar por veados, penso no quanto podemos ser impacientes quando temos de esperar por Deus. Frequentemente, nós igualamos o *esperar* a *desperdiçar*. Se estivermos esperando por alguma coisa (ou alguém), pensaremos que nada está sendo feito, o que, numa cultura ansiosa por realizações, parece um desperdício de tempo.

Contudo, o ato de esperar atinge diversos propósitos. Em particular, a espera prova a nossa fé. As pessoas de pouca fé, frequentemente, são as primeiras a desistirem de esperar, enquanto as de maior fé se dispõem a esperar indefinidamente.

Ao lermos a história do Natal em Lucas 2, aprendemos sobre duas pessoas que provaram sua fé por sua disposição em esperar. Simeão e Ana esperaram muito, mas seu tempo não foi desperdiçado; ele os colocou num lugar no qual poderiam testemunhar a chegada do Messias (vv.22-38).

Precisar esperar por uma resposta à oração não é motivo para desistir da fé.

Julie Ackerman Link

Maio

DOM	SEG	TER

Aniversariantes do dia:

manhã

tarde

noite

QUA

Aniversariantes do dia:

manhã

tarde

noite

QUI

Aniversariantes do dia:

manhã

tarde

noite

SEX

Aniversariantes do dia:

manhã

tarde

noite

SÁB

Aniversariantes do dia:

manhã

tarde

noite

Semana abençoada

Metas da semana

Motivos de oração

Comprar

Ideias

Prepare-se para uma semana de celebração alheia

LEITURA: João 3:22-36

Trata-se dele

Ele deve se tornar cada vez maior, e eu, cada vez menor.
João 3:30

Quando Sheila ficou noiva, sua amiga solteira, Amanda, celebrou com ela. Amanda planejou um chá de panela, ajudou-a na escolha do vestido de noiva, foi madrinha e permaneceu ao seu lado durante a cerimônia. Quando Sheila e seu marido tiveram filhos, Amanda promoveu os chás dos bebês e alegrou-se pelas bênçãos que sua amiga recebeu.

Mais tarde, Sheila disse a Amanda: "Você me confortou em tempos difíceis, mas a maneira especial pela qual reconheço o seu amor por mim é por me encher de alegria em meus momentos felizes. Você não permitiu que o ciúme a impedisse de celebrar comigo."

Quando os discípulos de João ouviram dizer que um novo rabi, chamado Jesus, estava ganhando seguidores, pensaram que João pudesse se sentir enciumado (João 3:26). Foram até ele e disseram: "[Ele] também está batizando. Todos vão até ele". Mas, João celebrou o ministério de Jesus, dizendo: "…Estou aqui apenas para preparar o caminho para ele […] o amigo do noivo simplesmente se alegra de estar ao lado dele e ouvir seus votos. Portanto, muito me alegro com o destaque dele" (vv.28-29).

Uma atitude de humildade também deve caracterizar-nos. Em vez de desejar a atenção para nós mesmos, tudo o que fazemos deve ser para glorificar o nosso Salvador. "Ele deve se tornar cada vez maior, e eu, cada vez menor" (v.30).

Anne Cetas

Maio

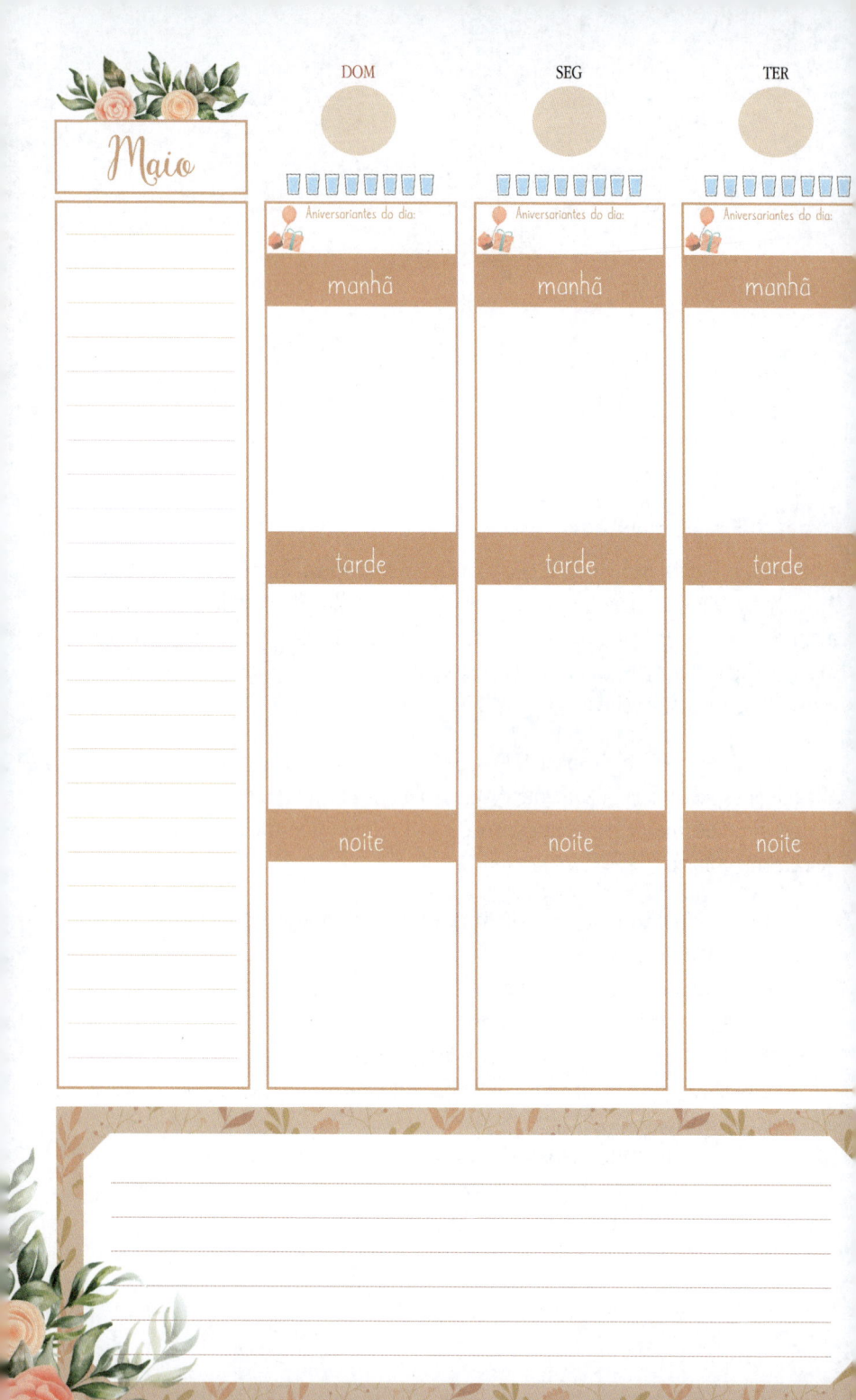

DOM	SEG	TER
Aniversariantes do dia:	Aniversariantes do dia:	Aniversariantes do dia:
manhã	manhã	manhã
tarde	tarde	tarde
noite	noite	noite

QUA

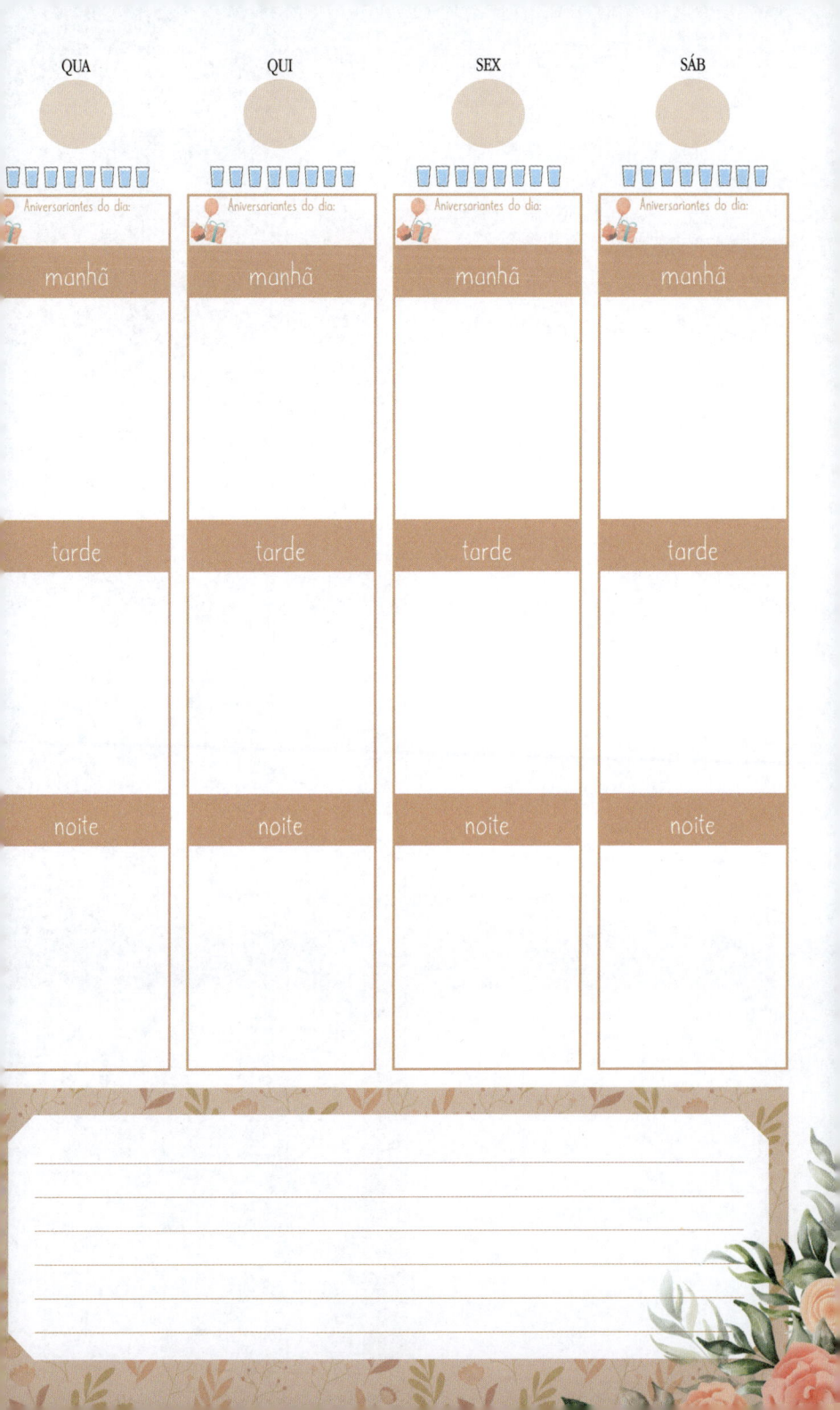

Aniversariantes do dia:

manhã

tarde

noite

QUI

Aniversariantes do dia:

manhã

tarde

noite

SEX

Aniversariantes do dia:

manhã

tarde

noite

SÁB

Aniversariantes do dia:

manhã

tarde

noite

Semana abençoada

Metas da semana

-
-
-
-
-
-
-
-
-
-
-
-
-
-

Motivos de oração

-
-
-
-
-
-
-
-
-
-
-
-
-
-

Comprar

-
-
-
-
-
-
-
-
-

Ideias

-
-
-
-
-
-
-
-
-

Prepare-se para uma semana de compaixão
Leitura: Romanos 12:3-11

O abraço de Deus

Amem-se com amor fraternal e tenham prazer em honrar uns aos outros.
Romanos 12:10

A família de Carolina deixou o hospital, pois já era noite, e ela começou a pensar que o seu quarto era o lugar mais solitário do mundo. A noite havia caído, os temores sobre sua doença estavam de volta, e ela sentiu que o desespero a dominava enquanto estava deitada lá, sozinha.

Ao fechar seus olhos, ela começou a conversar com Deus: "Ó Senhor, sei que não estou realmente só. Tu estás aqui comigo. Por favor, acalma meu coração e me dá paz. Deixe-me sentir os Seus braços ao meu redor, segurando-me."

Enquanto orava, Carolina sentiu seus temores começarem a desaparecer. E quando abriu os olhos e olhou para cima, viu o olhar caloroso e vivaz da sua amiga Margarete, que estendera seus braços para envolvê-la em um grande abraço. Carolina sentiu como se o próprio Deus a estivesse segurando firmemente.

Deus, muitas vezes, usa os nossos irmãos cristãos para demonstrar o Seu amor. "…assim é também com o corpo de Cristo. […] Deus, em sua graça, nos concedeu diferentes dons. […] sirva com dedicação" (Romanos 12:5-7). Servimos aos outros "…com as palavras de Deus. Tem o dom de ajudar? Faça-o com a força que Deus lhe dá. Assim, tudo que você realizar trará glória a Deus por meio de Jesus Cristo…" (1 Pedro 4:11).

Ao demonstrarmos amor e compaixão de maneiras simples e práticas, seremos parte do ministério de Deus ao Seu povo.

Cindy Hess Kasper

Maio

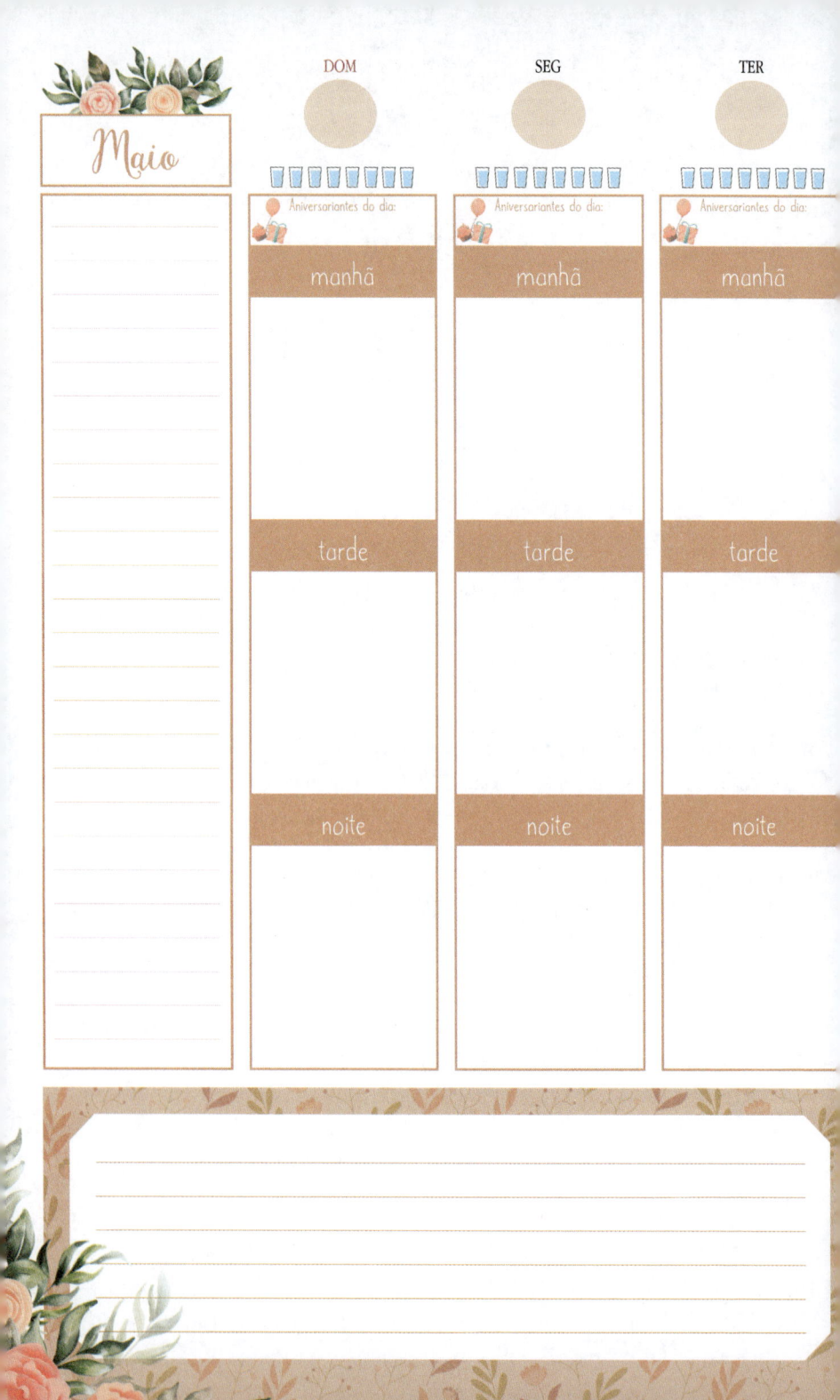

DOM	SEG	TER
Aniversariantes do dia:	Aniversariantes do dia:	Aniversariantes do dia:
manhã	manhã	manhã
tarde	tarde	tarde
noite	noite	noite

QUA	QUI	SEX	SÁB

Aniversariantes do dia:

manhã

tarde

noite

Semana abençoada

Metas da semana

Motivos de oração

Comprar

Ideias

Prepare-se para uma semana de segurança

LEITURA: Deuteronômio 31:1-8

Segure minha mão

Não tenha medo nem desanime...
DEUTERONÔMIO 31:8

As ondas do Lago Michigan estavam altas e esparramavam-se no cais no dia em que acompanhei uma família até o farol. Ouvi a menina dizer: "Papai, ande comigo e segure minha mão nesta parte assustadora."

Às vezes, a vida pode nos assustar também: perda de entes queridos, preocupações financeiras e de saúde. Enquanto carregamos esses fardos e ansiedades, desejamos uma mão forte para segurar as nossas e nos manter firmes e seguras.

Quando Josué assumiu a liderança de Israel, Moisés o lembrou da ajuda divina em tempos árduos. Nos dias difíceis que viriam, Josué precisaria lembrar-se de confiar em Deus e Suas promessas. Moisés disse: "o próprio SENHOR irá adiante de vocês. Ele estará com vocês; não os deixará nem os abandonará" (DEUTERONÔMIO 31:8).

No livro de Isaías 41:13 Deus nos encoraja: "Pois eu o seguro pela mão direita, eu, o SENHOR, seu Deus, e lhe digo: 'Não tenha medo, estou aqui para ajudá-lo." Quando a vida se torna assustadora, Deus está conosco, podemos segurar Suas fortes mãos.

A canção de Lowell Alexander nos lembra da presença de Deus: "Você encontrará montanhas tão altas, desertos distantes e vales profundos. Às vezes a jornada é gentil, às vezes os ventos são frios. Mas, lembre-se e saiba que você jamais andará só [...] Jesus estará ao seu lado na jornada". Jesus caminhará ao nosso lado segurando as nossas mãos nos lugares assustadores.

Anne Cetas

Maio

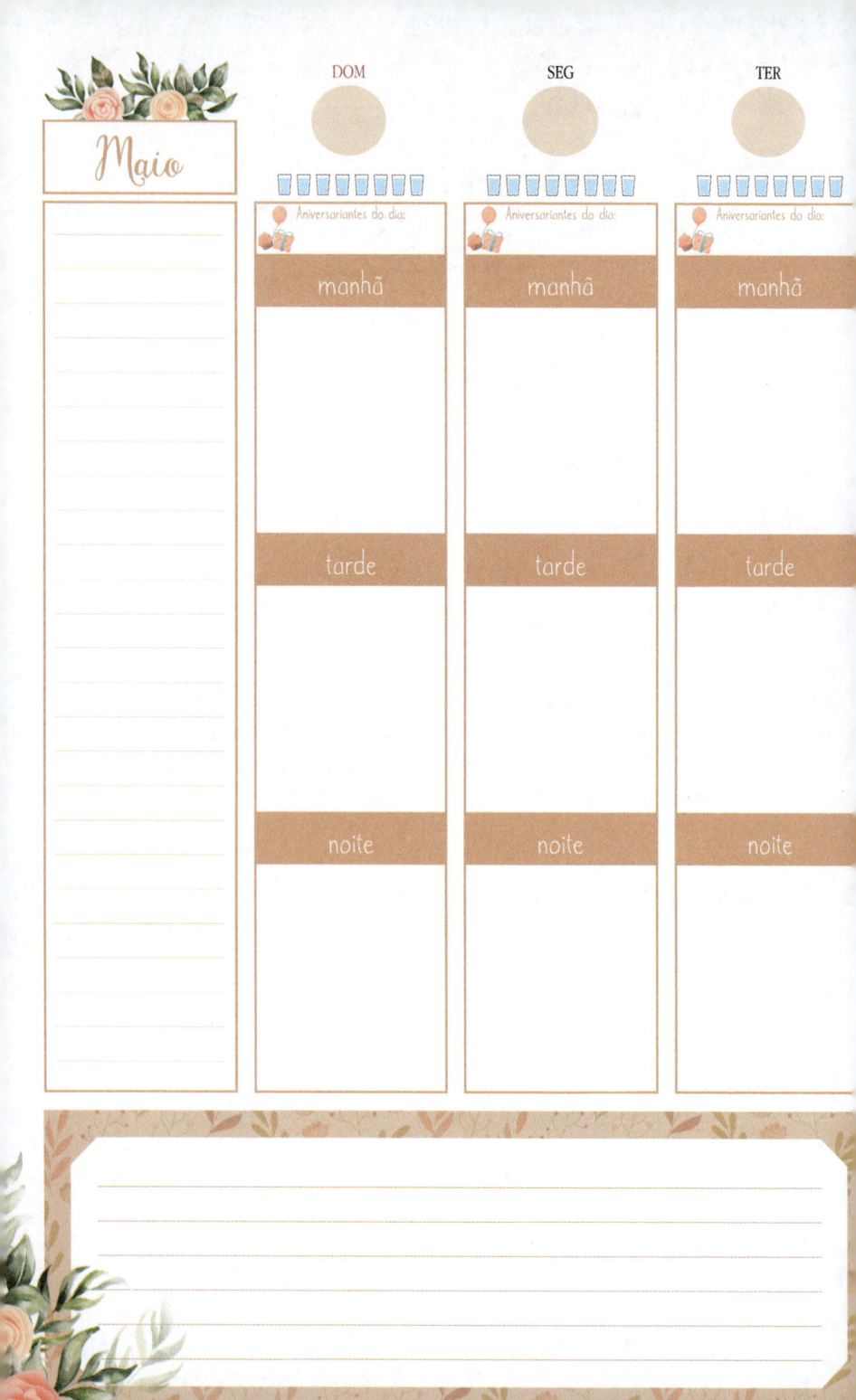

DOM	SEG	TER
Aniversariantes do dia:	Aniversariantes do dia:	Aniversariantes do dia:
manhã	manhã	manhã
tarde	tarde	tarde
noite	noite	noite

QUA	QUI	SEX	SÁB

Aniversariantes do dia:

manhã

tarde

noite

Planejamento junho

	DOM	SEG	TER

Durante o dia, porém, o Senhor me derrama seu amor, e à noite entoo seus cânticos e faço orações ao Deus que me dá vida. Salmo 42:8

Planejamento junho

QUA	QUI	SEX	SÁB

Se Jesus também precisava orar, como podemos nós viver sem a oração?

Objetivos para junho

Se quisermos que Cristo cresça, nós precisamos diminuir.

Semana abençoada

Metas da semana

Motivos de oração

Comprar

Ideias

Prepare-se para uma semana de aprendizado
LEITURA: Jonas 1

Quando Deus limpa a casa

Livrem-se de toda amargura, raiva, ira, das palavras ásperas e da calúnia, e de todo tipo de maldade.
EFÉSIOS 4:31

Esta semana, Deus fez uma limpeza nas redondezas. Ele enviou ao nosso bairro um forte vento que fez as árvores tremerem e soltarem seus galhos mortos. Quando tudo terminou, eu tinha muita sujeira para jogar fora.

Às vezes, Deus trabalha de maneira similar em minha própria vida. Ele envia ou permite circunstâncias tempestuosas que fazem cair os *galhos mortos* que eu me recuso a soltar. Às vezes, é algo que já foi bom, como uma área de ministério, mas não está mais dando frutos. Com maior frequência, é algo que não é bom, como um mau hábito que adquiri ou uma atitude obstinada que impede o crescimento.

O profeta Jonas, do Antigo Testamento, descobriu o que pode acontecer quando alguém se recusa a livrar-se de uma atitude obstinada. Seu ódio pelos ninivitas era mais forte do que o seu amor por Deus; por isso, Deus enviou uma grande tormenta que colocou Jonas em um grande peixe (JONAS 1:4,17). Deus preservou o relutante profeta naquele lugar improvável e lhe deu uma segunda chance de obedecer (2:10; 3:1-3).

Os galhos mortos no meu jardim me fizeram pensar em atitudes, algumas das quais Deus espera que eu me desfaça. A carta de Paulo aos Efésios relaciona algumas delas: amargura, raiva, ira (4:31). Quando Deus agita as coisas, precisamos nos livrar daquilo que Ele faz cair..

Julie Ackerman Link

Junho

	DOM	SEG	TER
	Aniversariantes do dia:	Aniversariantes do dia:	Aniversariantes do dia:
	manhã	manhã	manhã
	tarde	tarde	tarde
	noite	noite	noite

QUA

Aniversariantes do dia:

manhã

tarde

noite

QUI

Aniversariantes do dia:

manhã

tarde

noite

SEX

Aniversariantes do dia:

manhã

tarde

noite

SÁB

Aniversariantes do dia:

manhã

tarde

noite

Semana abençoada

Metas da semana

Motivos de oração

Comprar

Ideias

Prepare-se para uma semana de gratidão
Leitura: Salmo 107:31-43

Gratidão silenciosa

*Deem graças ao Senhor, porque ele é bom [...]
Proclamem em alta voz!...*
Salmo 107:1-2

O motivo do agradecimento é permitir que o presenteador saiba o quanto você aprecia algo. O autor G. B. Stern disse: "A gratidão silenciosa não tem muita utilidade para alguém."

Quando nosso filho era mais jovem, às vezes ele precisava ser lembrado de que evitar o contato visual, olhar para os pés e balbuciar algumas palavras ininteligíveis não era um obrigado aceitável. E, após muitos anos de casamento, meu marido e eu ainda estamos aprendendo que é importante expressarmos continuamente nossa gratidão um ao outro. Quando um de nós sente gratidão, tentamos verbalizar isso — mesmo já tendo dito o mesmo em outras ocasiões semelhantes. William Arthur Ward disse: "Sentir gratidão e não expressá-la é como embrulhar um presente e não dá-lo."

Demonstrar nossa gratidão é, obviamente, importante nas relações humanas, mas ainda mais essencial em nosso relacionamento com Deus. Ao pensarmos sobre as muitas bênçãos que recebemos, expressamos nossa gratidão a Ele ao longo do dia? E quando pensamos no maravilhoso presente da Sua morte e ressurreição pelo perdão dos nossos pecados, nossos corações transbordam de alegria e ação de graças? (Romanos 6:23; 2 Coríntios 9:15).

Coloque diariamente em seu coração o lembrete do Salmo 107:1: "Deem graças ao Senhor, porque ele é bom…"!

Cindy Hess Kasper

Junho

DOM	SEG	TER
Aniversariantes do dia:	Aniversariantes do dia:	Aniversariantes do dia:
manhã	manhã	manhã
tarde	tarde	tarde
noite	noite	noite

QUA	QUI	SEX	SÁB

Aniversariantes do dia: | Aniversariantes do dia: | Aniversariantes do dia: | Aniversariantes do dia:

manhã

tarde

noite

Semana abençoada

Metas da semana

Motivos de oração

Comprar

Ideias

Prepare-se para uma semana de fé

Leitura: Romanos 8:18-30

Nuvens e céu azul

...estas aflições pequenas e momentâneas...
2 Coríntios 4:17

Outro dia estava me sentindo deprimida devido a algumas circunstâncias e fiquei imaginando como poderia me animar. Tirei da estante o livro *Life Is Like Licking Honey Off a Thorn* (A vida é como lamber mel de um espinho) de Susan Lenzkes e li o seguinte: "Assumimos os riscos e as lágrimas que surgem e permitimos que o nosso Deus da realidade, dê sentido a tudo."

Susan afirma que alguns são otimistas que "acampam em prazeres e boas lembranças", negando o quebrantamento. Outros são pessimistas que "concentram-se nas perdas da vida, não desfrutando da alegria e da vitória no processo". Entretanto, as pessoas de fé são realistas que "recebem tudo — de bom e de ruim na vida — e reiteradamente escolhem reconhecer que Deus nos ama de verdade e trabalha constantemente para o nosso bem e para a Sua glória".

Enquanto lia, olhei para fora e notei as nuvens escuras e uma chuva persistente. Um pouco mais tarde, surgiu um vento amistoso e afastou as nuvens. De repente, o céu azul brilhava. Dessa mesma maneira, as tempestades da vida vêm e vão.

Pela fé, nos apegamos à promessa de Deus em Romanos 8:28, e nos lembramos que "…estas aflições pequenas e momentâneas […] produzem para nós uma glória que pesa mais que todas as angústias e durará para sempre" (2 Coríntios 4:17). Deus nos ama e está nos preparando para o dia em que os céus serão eternamente azuis.

Anne Cetas

Junho

DOM	SEG	TER
Aniversariantes do dia:	Aniversariantes do dia:	Aniversariantes do dia:
manhã	**manhã**	**manhã**
tarde	**tarde**	**tarde**
noite	**noite**	**noite**

QUA	QUI	SEX	SÁB

Aniversariantes do dia:

manhã

tarde

noite

Semana abençoada

Metas da semana

Motivos de oração

Comprar

Ideias

Prepare-se para uma semana de comunhão
Leitura: Efésios 2:11-22

Livre acesso

...por causa do que Cristo fez, todos temos acesso ao Pai pelo mesmo Espírito.
Efésios 2:18

Em certa ocasião ocorreu uma falha surpreendente de segurança quando um casal atrevidamente invadiu um banquete na Casa Branca — aproximando-se o suficiente para tirar uma foto com o presidente norte-americano. Normalmente, uma ampla averiguação e um exame minucioso da lista de convidados eliminam os penetras.

Para qualquer uma de nós é raro o dia em que o nosso acesso não é de alguma forma restringido. Placas nos advertem: *Somente para Funcionários*, *Não Entre*, *Somente Veículos Autorizados*, *Não Ultrapasse*. Ninguém gosta de saber que não é bem-vindo. No entanto, sempre existirão lugares dos quais seremos expulsos. Fico agradecida por Deus não impor restrições àqueles que podem aproximar-se dele.

Aqueles que vêm a Deus não encontram nenhuma placa com o anúncio *Mantenha a Distância*. Através da oração, o Deus Pai permite que tenhamos acesso imediato e irrestrito a Ele porque Seu Filho Jesus Cristo abriu o caminho para todos os que já o receberam (Efésios 2:18). "Venham a mim todos vocês que estão cansados e sobrecarregados…" (Mateus 11:28). "…aqueles que o Pai me dá virão a mim, e eu jamais os rejeitarei" (João 6:37). "…Quem tem sede, venha a mim e beba!" (João 7:37).

Ao vir a Cristo para receber a salvação, você se habilita a desfrutar de uma comunhão irrestrita com Ele. A porta está sempre aberta.

Cindy Hess Kasper

Junho

DOM	SEG	TER

Aniversariantes do dia:

manhã

tarde

noite

Aniversariantes do dia:

manhã

tarde

noite

Aniversariantes do dia:

manhã

tarde

noite

QUA	QUI	SEX	SÁB

Aniversariantes do dia:

manhã

tarde

noite

Semana abençoada

Metas da semana

Motivos de oração

Comprar

Ideias

Prepare-se para uma semana de análise

Leitura: Romanos 11:33-12:2

Diversão agradável

Não imitem o comportamento e os costumes deste mundo, mas deixem que Deus os transforme por meio de uma mudança em seu modo de pensar...

ROMANOS 12:2

Uma amiga minha estava procurando unir-se a uma igreja e me contou que encontrou exatamente uma que estava buscando: "Gosto desta igreja porque não preciso mudar meu estilo de vida, por causa dos meus divertimentos. Não me sinto culpada por isso e não exigem nada de mim. Sinto-me bem comigo mesma quando estou lá." A sua história me faz pensar quantas pessoas estão neste tipo de situação. O seu "cristianismo" constitui-se no que o autor W. Waldo Beach chama de "uma diversão agradável de final de semana."

Mas será que é este o tipo de vida que Jesus quer de nós? Beach diz: "Não é a quantidade de aparelhos de ar condicionado e bancos estofados de uma igreja suburbana que conseguem encobrir a dura realidade de que o discipulado é algo custoso para os fiéis, e que há sempre uma cruz para ser carregada. Ninguém pode entender o cristianismo em todas as suas profundidades se apenas desfrutá-lo como uma diversão agradável de final de semana." Ser um cristão significa conhecer a Jesus pessoalmente. Nós o recebemos pela fé como o Salvador dos nossos pecados e nos oferecemos a Ele. Negamos a nossa vontade e por sua vez, escolhemos a vontade dele. Ele transforma a nossa maneira de pensar, os nossos valores e as nossas prioridades, para que reflitamos sobre o que é aceitável a Deus (ROMANOS 12:1-2).

Sua religião é apenas uma diversão agradável de final de semana? A religião não é um substituto para o relacionamento vital com Jesus!

Anne Cetas

Junho

DOM	SEG	TER

Aniversariantes do dia:

manhã

tarde

noite

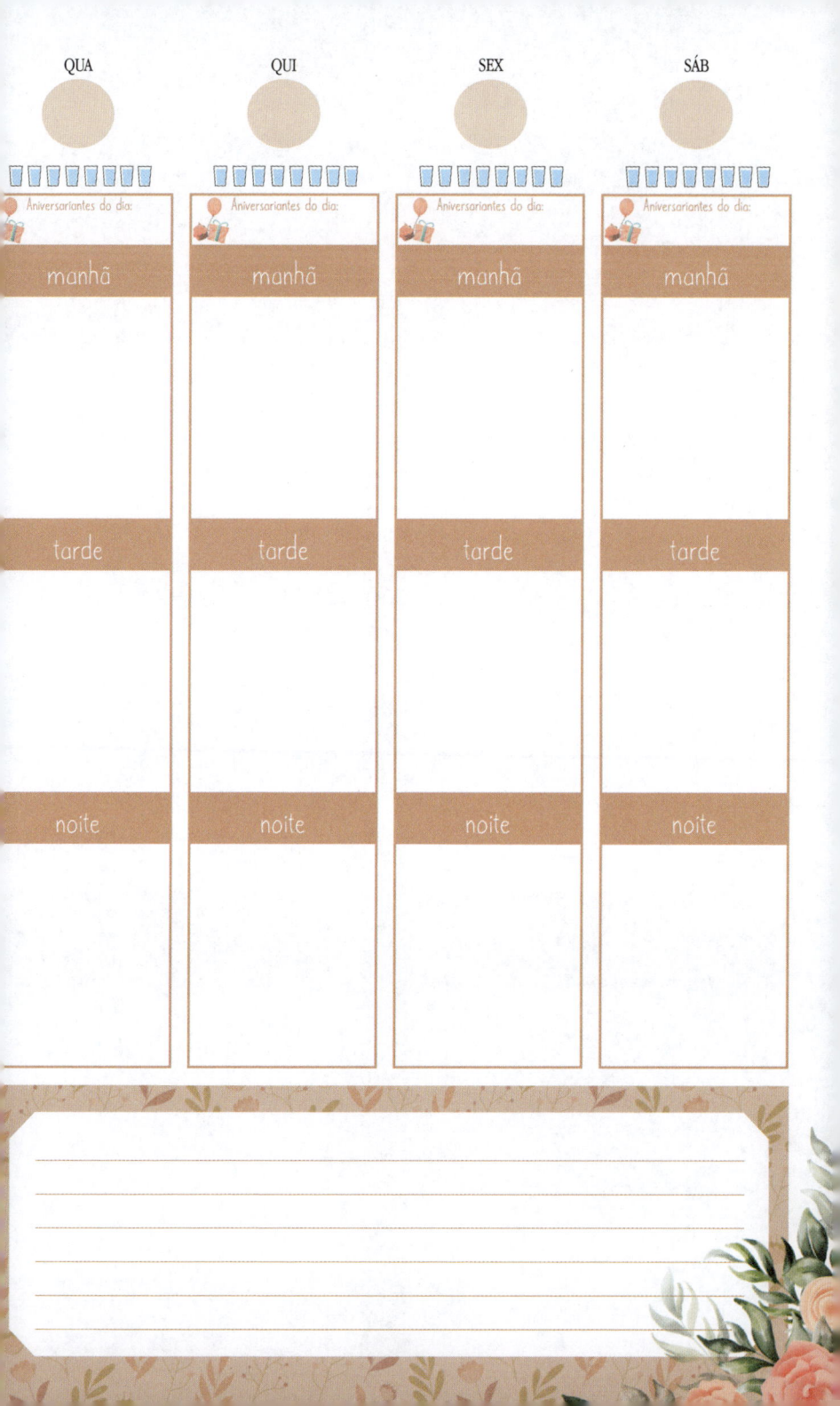

QUA	QUI	SEX	SÁB
Aniversariantes do dia:	Aniversariantes do dia:	Aniversariantes do dia:	Aniversariantes do dia:
manhã	manhã	manhã	manhã
tarde	tarde	tarde	tarde
noite	noite	noite	noite

Semana abençoada

Metas da semana

-
-
-
-
-
-
-
-
-
-
-
-
-
-

Motivos de oração

-
-
-
-
-
-
-
-
-
-
-
-
-
-

Comprar

-
-
-
-
-
-
-
-

Ideias

-
-
-
-
-
-
-
-

Prepare-se para uma semana de desapego

Leitura: Eclesiastes 5:8-17

Acumular ou guardar?

...as pessoas vão embora deste mundo como vieram...
Eclesiastes 5:16

Tapetes, lâmpadas, uma lavadora e uma secadora, até mesmo a comida nos armários — tudo estava à venda! Meu marido e eu paramos numa residência onde ocorria um bazar e andamos pela casa, impressionados com o volume de bens à venda. Jogos de pratos se empilhavam na mesa da sala de jantar. Decorações natalinas enchiam o hall de entrada. Ferramentas, carrinhos de brinquedo, jogos de tabuleiro e bonecas antigas lotavam a garagem. Quando partimos, fiquei imaginando os motivos da venda: será que os donos da casa estavam se mudando, precisavam desesperadamente de dinheiro ou haviam falecido?

Isto me fez lembrar estas palavras em Eclesiastes: "…as pessoas vão embora deste mundo como vieram…" (5:16). Nascemos de mãos vazias e deixaremos este mundo da mesma forma. As coisas que compramos, organizamos e guardamos são nossas apenas por um tempo — e estão em decadência. Traças corroem as nossas roupas; até mesmo ouro e prata podem perder o seu valor (Tiago 5:2-3). Às vezes, "…Se o dinheiro é colocado em investimentos arriscados e eles dão errado, perde-se tudo…" (Eclesiastes 5:14) e nossos filhos não conseguem desfrutar dos nossos bens após partirmos.

Acumular bens hoje é tolice, pois não levaremos nada conosco quando morrermos. O que importa é ter uma atitude correta em relação aos nossos bens e a maneira que utilizamos aquilo que Deus nos deu. Assim, acumularemos nosso tesouro no devido lugar — no Céu.

Jennifer Benson Schuldt

Junho

DOM	SEG	TER

Aniversariantes do dia:

manhã

tarde

noite

QUA	QUI	SEX	SÁB

Aniversariantes do dia:

manhã | **manhã** | **manhã** | **manhã**

tarde | **tarde** | **tarde** | **tarde**

noite | **noite** | **noite** | **noite**

Planejamento julho

DOM	SEG	TER
♡	♡	♡
♡	♡	♡
♡	♡	♡
♡	♡	♡
♡	♡	♡
♡	♡	♡

Nós amamos porque ele [Deus] nos amou primeiro.
1 João 4:16

Planejamento julho

QUA	QUI	SEX	SÁB

A receita para o sucesso espiritual exige obediência à Palavra de Deus.

Objetivos para julho

Deixe o amor de Deus preencher o seu coração, e isto se refletirá em seu rosto.

Semana abençoada

Metas da semana

Motivos de oração

Comprar

Ideias

Prepare-se para uma semana de vida plena
Leitura: João 6:25-41

Pizza grátis!

...Eu sou o pão que desceu do céu.
João 6:41

O dinheiro é curto para os universitários. Assim, quando há comida grátis, os alunos aparecem a qualquer hora em qualquer lugar. Se uma empresa desejar recrutar novos funcionários, uma boa estratégia para seduzir os jovens dos campi universitários a assistirem a uma apresentação, será oferecer pizza grátis. Alguns alunos assistem a apresentações seguidas — só pela pizza. O alimento naquele momento parece ser até mais importante do que o emprego futuro.

Jesus alimentou uma multidão de cinco mil homens e, no dia seguinte, muitos o procuraram (João 6:10-11, 24-25). Ele os desafiou: "...vocês querem estar comigo não porque entenderam os sinais, mas porque lhes dei alimento" (v.26). Parece que para algumas daquelas pessoas, o alimento era mais importante do que a vida eterna que Jesus oferecia em si mesmo. Ele lhes disse ser "...verdadeiro pão de Deus é aquele que desce do céu e dá vida ao mundo" (v.33). Algumas não criam, não aceitavam Seu ensinamento e "... se afastaram dele e o abandonaram" (v.66). Algumas quiseram o alimento, mas não quiseram o Mestre em sua vida, nem o que lhes seria exigido para segui-lo.

Hoje, Jesus nos chama para virmos a Ele — não pelas bênçãos provindas da Sua mão, mas para recebermos a vida eterna que Ele oferece e para segui-lo, "o verdadeiro pão de Deus".

Anne Cetas

Julho

DOM	SEG	TER

Aniversariantes do dia:

manhã

tarde

noite

QUA

Aniversariantes do dia:

manhã

tarde

noite

QUI

Aniversariantes do dia:

manhã

tarde

noite

SEX

Aniversariantes do dia:

manhã

tarde

noite

SÁB

Aniversariantes do dia:

manhã

tarde

noite

Semana abençoada

Metas da semana

Motivos de oração

Comprar

Ideias

Prepare-se para uma semana de restauração

Leitura: Romanos 7:13-25

Tornando-nos completos

...Trabalhem com afinco a sua salvação, obedecendo a Deus com reverência e temor. Pois Deus está agindo em vocês, dando-lhes o desejo e o poder de realizarem...

Filipenses 2:12-13

Nossa amiga caiu da bicicleta e sofreu um sério traumatismo craniano, e os médicos temiam que ela não sobrevivesse. Ela esteve, por vários dias, entre a vida e a morte. Recebemos as primeiras boas notícias quando ela abriu seus olhos, e reagiu a comandos de voz. Com cada pequena melhora, a ansiedade permanecia. Quanto ela progrediria? Depois de um difícil dia de terapia, seu marido estava desanimado. Porém, na manhã seguinte, ele compartilhou estas palavras: "Sandra está de volta, física, emocional e mentalmente!" Sandra estava voltando a ser a pessoa que conhecíamos e amávamos.

A queda de Sandra lembra-me do que os teólogos falam ao se referirem a "a queda" da humanidade (Gênesis 3). Sua luta pela recuperação se assemelha também à nossa luta para vencer a destruição do pecado (Romanos 7:18). Se apenas o seu corpo sarasse, a recuperação seria incompleta. O mesmo seria verdadeiro se o seu cérebro funcionasse, mas seu corpo não. Inteireza significa que todas as partes funcionam juntas com um propósito.

Deus é o único que está curando Sandra, mas ela precisa se esforçar na terapia para melhorar. O mesmo nos acontece espiritualmente. Depois de sermos salvos por Deus por meio de Cristo, precisamos "desenvolver" a nossa salvação (Filipenses 2:12) — não para alcançá-la, mas para permitir que os nossos pensamentos e ações se ajustem ao Seu propósito.

Julie Ackerman Link

Julho

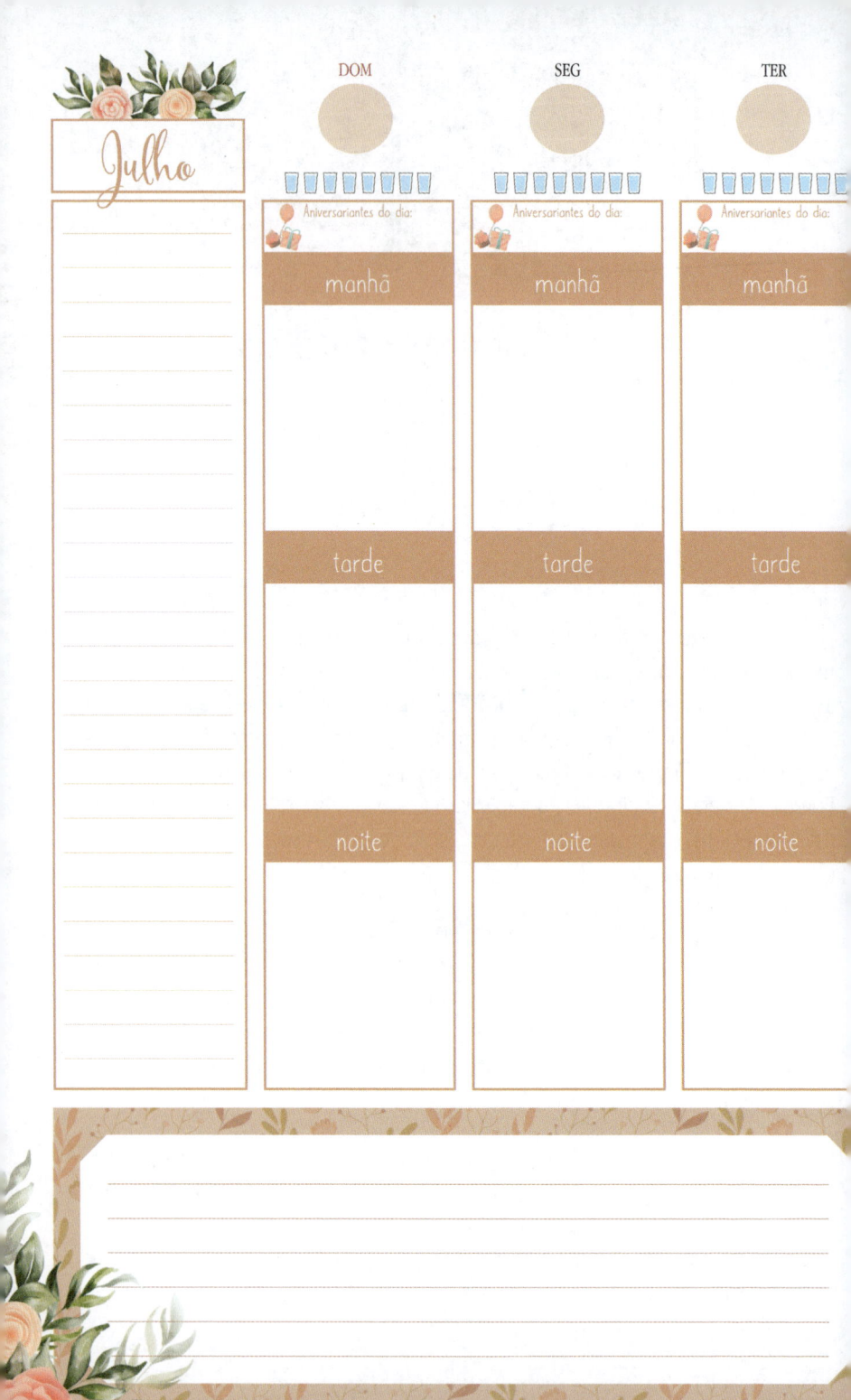

DOM	SEG	TER

Aniversariantes do dia:

manhã

tarde

noite

Aniversariantes do dia:

manhã

tarde

noite

Aniversariantes do dia:

manhã

tarde

noite

QUA

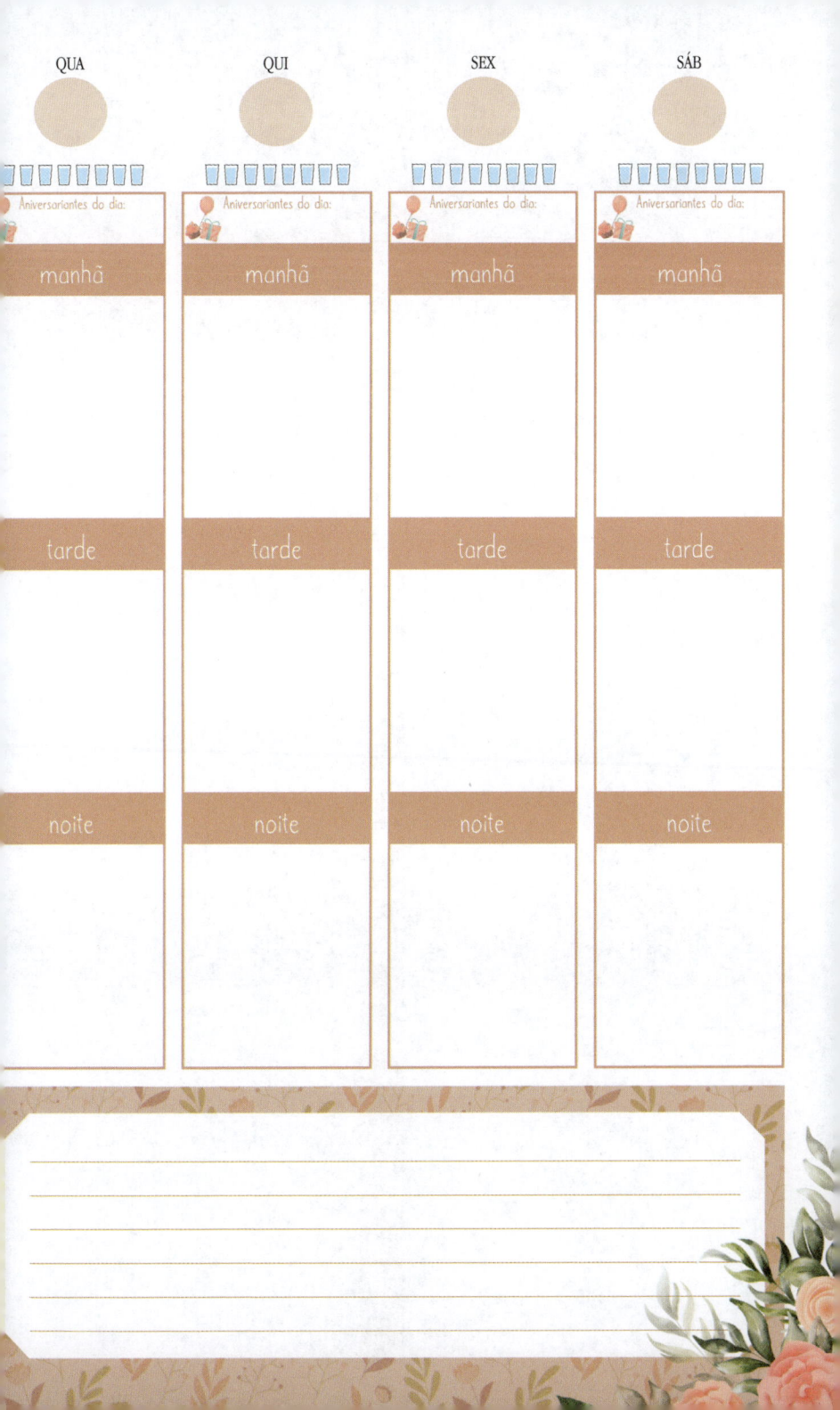

Aniversariantes do dia:

manhã

tarde

noite

QUI

Aniversariantes do dia:

manhã

tarde

noite

SEX

Aniversariantes do dia:

manhã

tarde

noite

SÁB

Aniversariantes do dia:

manhã

tarde

noite

Semana abençoada

Metas da semana

Motivos de oração

Comprar

Ideias

Prepare-se para uma semana de surpresas

Leitura: 2 Coríntios 4:7-18

Espera cheia de graça

...nunca desistimos...

2 Coríntios 4:16

Rogério perdeu seu emprego quando houve cortes na empresa em que trabalhava. Por meses, procurou e candidatou-se a empregos, orou, pediu orações a outros, e confiou em Deus. Contudo, as emoções de Rogério e de sua esposa flutuavam. Eles viam Deus provê-los de maneiras inesperadas e vivenciavam Sua graça, mas, muitas vezes, temiam que um emprego nunca mais surgisse. Durante 15 longos meses, esperaram.

Rogério fez três entrevistas numa empresa e, na semana seguinte, a agência de empregos ligou e disse: "Conhece o ditado: 'Após a tempestade vem a bonança'? Bem, o emprego é seu!" Tempos mais tarde, a esposa dele me disse: "não trocaríamos essa difícil experiência por nada, pois nos aproximou um do outro e do Senhor". Os amigos que oraram, rejubilaram e agradeceram a Deus.

Paulo queria que a igreja de Corinto visse a graça de Deus operando em sua vida, o que poderia trazer "... muitas ações de graças, e Deus [receberia] cada vez mais glória" (2 Coríntios 4:15). Suas provações foram tão grandes que ele disse: "De todos os lados somos pressionados [...] perplexos [...] perseguidos [...] derrubados..." (vv.8-9). Mesmo assim, ele encorajou as pessoas a não desanimarem diante das tribulações (v.16), mas a confiarem em Deus. As nossas dificuldades podem nos aproximar de Deus e dos outros, como aconteceu com Rogério e sua esposa, e o louvor será dado ao Senhor por Sua graça.

Anne Cetas

Julho

DOM	SEG	TER

Aniversariantes do dia:

manhã

tarde

noite

Aniversariantes do dia:

manhã

tarde

noite

Aniversariantes do dia:

manhã

tarde

noite

QUA

Aniversariantes do dia:

manhã

tarde

noite

QUI

Aniversariantes do dia:

manhã

tarde

noite

SEX

Aniversariantes do dia:

manhã

tarde

noite

SÁB

Aniversariantes do dia:

manhã

tarde

noite

Semana abençoada

Metas da semana

Motivos de oração

Comprar

Ideias

Prepare-se para uma semana de entrega de dons

Leitura: Romanos 12:1-8

Fazendo a sua parte

Da mesma forma que nosso corpo tem vários membros e cada membro, uma função específica, assim é também com o corpo de Cristo...

Romanos 12:4,5

Há vários anos, minha filha Rosie é diretora de artes dramáticas numa escola local de ensino médio. Os alunos comparecem ao teste e alguns são selecionados para os papéis principais. Mas, existem muitos outros papéis coadjuvantes importantes que precisam ser desempenhados — papéis vitais para a produção.

Existem outras pessoas jovens que querem fazer parte do espetáculo, mas não gostam de estar na linha de frente. São as pessoas que trocarão os cenários, abrirão e fecharão as cortinas, cuidarão da iluminação e ajudarão na maquiagem e na troca dos figurinos. Depois, existem os pais na comunidade, que fornecem pizza e biscoitos para os ensaios, doam mercadorias, constroem cenários, costuram os trajes, fazem cartazes e distribuem o programa do espetáculo. O sucesso das atuações é o auge de um intenso processo que dura quatro ou cinco meses, e que depende do trabalho duro de uma gama de dedicados voluntários.

De igual maneira, para que o corpo de Cristo seja totalmente funcional, cada um de nós precisa desempenhar um papel. Cada cristão é singularmente dotado para servir. Quando esses dons são parte de um todo que inclui a colaboração "...o corpo se [encaixa] perfeitamente..." (Efésios 4:16) as partes em separado constituem esse todo (Romanos 12:5).

Precisamos uns dos outros. Qual papel você está desempenhando na vida da igreja?

Cindy Hess Kasper

Julho

	DOM	SEG	TER

Aniversariantes do dia:

manhã

tarde

noite

Aniversariantes do dia:

manhã

tarde

noite

Aniversariantes do dia:

manhã

tarde

noite

QUA	QUI	SEX	SÁB

Aniversariantes do dia:

manhã

tarde

noite

Semana abençoada

Metas da semana

Motivos de oração

Comprar

Ideias

Prepare-se para uma semana de compaixão

Leitura: Provérbios 24:10-12

Você lhes contará?

Quem vive e crê em mim jamais morrerá...
João 11:26

Um amigo meu chamado João já foi viciado em drogas. Inúmeras vezes, ele quase morreu. João era um homem acabado quando foi internado num programa cristão de reabilitação que o meu esposo e eu desenvolvemos. No final de sua participação nesse programa, João tornou-se cristão.

Certo dia, quando João caminhava ao longo de uma rua muito movimentada, ele começou a ver os compradores ocupados como Deus os vê: como pessoas que estão morrendo. Ele havia aprendido da Palavra de Deus que aqueles que morrem sem Cristo vão passar a eternidade separados dele. Com profunda preocupação, João pensou: Estas pessoas não precisam morrer!

Todos nós precisamos ver as pessoas como Deus as vê. Mas esta verdade também traz em si uma responsabilidade. Salomão rogou: "Liberte os que foram injustamente condenados a morrer; salve-os enquanto vão tropeçando para a morte" (Provérbios 24:11). Ele também advertiu que, uma vez que nossos olhos foram abertos, não podemos fazer de conta que não sabemos o que fazer. Deus, que pesa o nosso coração e preserva a nossa alma, sabe o que está em nossa mente e nos faz responsáveis por nossos atos (v.12).

Pense em pessoas que você conhece e que vivem sem Cristo. Elas não precisam morrer sem Ele! Jesus disse: "Quem vive e crê em mim jamais morrerá…" (João 11:26). Você vai lhes contar estas boas-novas?

Joanie Yoder

Julho

DOM
Aniversariantes do dia:

manhã

tarde

noite

SEG
Aniversariantes do dia:

manhã

tarde

noite

TER
Aniversariantes do dia:

manhã

tarde

noite

QUA

Aniversariantes do dia:

manhã

tarde

noite

QUI

Aniversariantes do dia:

manhã

tarde

noite

SEX

Aniversariantes do dia:

manhã

tarde

noite

SÁB

Aniversariantes do dia:

manhã

tarde

noite

Semana abençoada

Metas da semana

Motivos de oração

Comprar

Ideias

Prepare-se para uma semana de expectativa

Leitura: Filipenses 1:19-26

Sejam santos

...E a rua principal era de ouro puro, transparente como vidro.
Apocalipse 21:21

A minha vizinha Jasmine, de 9 anos, estava sentada comigo na varanda, à frente da casa. Do nada, ela começou a falar das suas más escolhas e de como precisava do perdão de Deus. Conversamos e oramos juntas, e ela pediu que Jesus se tornasse o seu Salvador.

Ela começou a perguntar a respeito do Céu: "Será que as ruas são realmente de ouro? Minha mãe também vai estar lá? E se ela não estiver? Vou ter uma cama lá ou vou dormir numa nuvem? O que vou comer?" Eu lhe assegurei que o Céu será um lar perfeito e que ela estará com Jesus, que lhe dará tudo que ela necessitar. Ela respondeu com entusiasmo: "Bem, então vamos para lá agora mesmo!"

O apóstolo Paulo também tinha uma perspectiva celestial (**Filipenses 1:23**). Ele testemunhou: "Pois, para mim, o viver é Cristo, e o morrer é lucro" (v.21). Ele sabia que esta vida consiste em conhecer, confiar e servir a Deus. Mas ele também sabia que a vida no Céu seria "muitíssimo melhor" porque ele estaria "com Cristo" (v.23). Paulo queria permanecer aqui para poder orientar os filipenses e também os outros, mas ele estava preparado para ir ao Céu a qualquer momento, para ver Jesus.

Jasmine está pronta para ir agora. E nós, estamos tão ansiosos pelo Céu quanto ela?

Anne Cetas

Julho

DOM	SEG	TER
manhã	manhã	manhã
tarde	tarde	tarde
noite	noite	noite

Aniversariantes do dia:

QUA

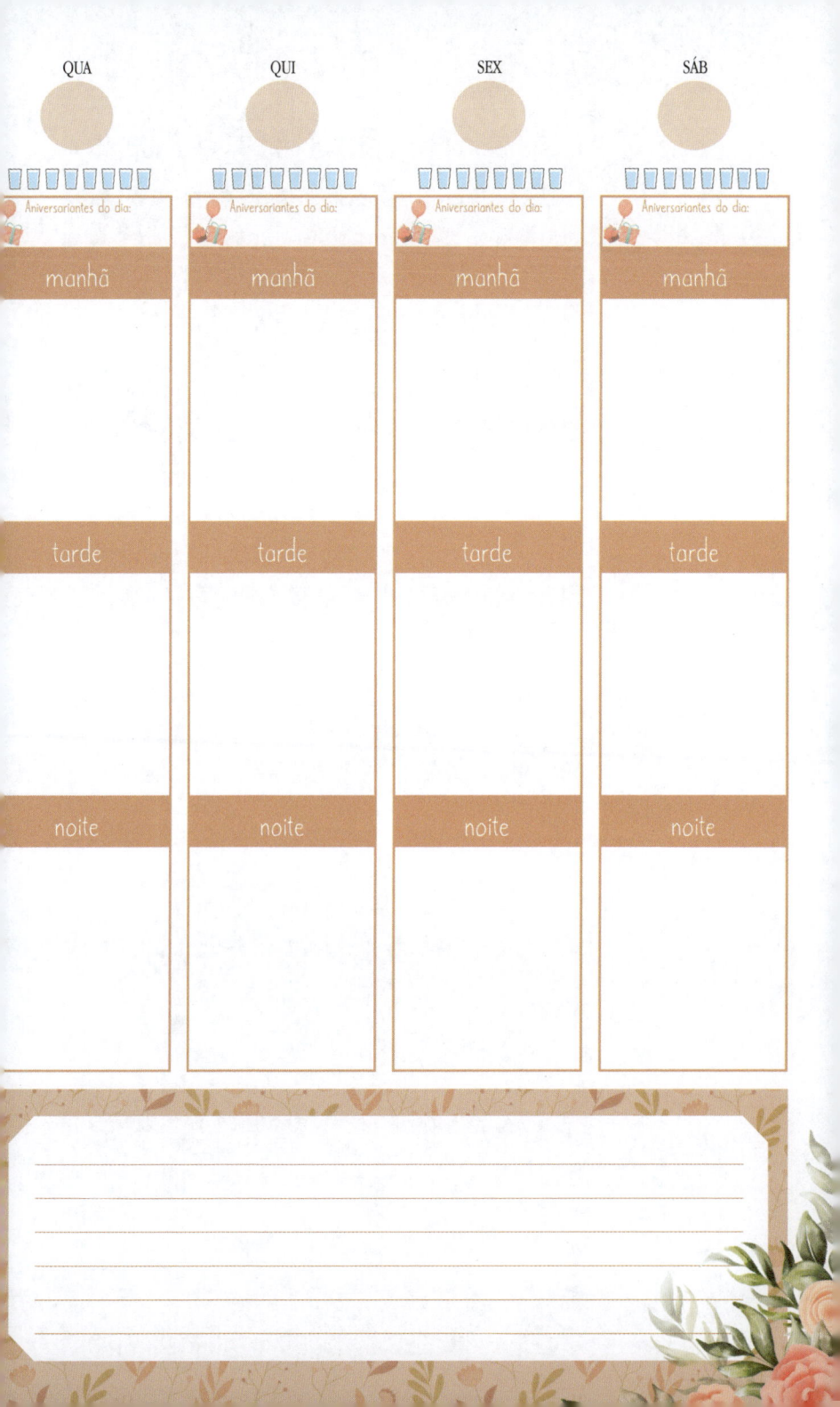

Aniversariantes do dia:

manhã

tarde

noite

QUI

Aniversariantes do dia:

manhã

tarde

noite

SEX

Aniversariantes do dia:

manhã

tarde

noite

SÁB

Aniversariantes do dia:

manhã

tarde

noite

Planejamento agosto

DOM	SEG	TER

Que podemos dizer diante de coisas tão maravilhosas?
Se Deus é por nós, quem será contra nós? ROMANOS 8:31

Planejamento agosto

QUA	QUI	SEX	SÁB

A oração faz a ponte entre o pânico e a paz.

Objetivos para agosto

Declarar a verdade e ser rejeitada é melhor do que negá-la só para ser aceita.

Semana abençoada

Metas da semana

Motivos de oração

Comprar

Ideias

Prepare-se para uma semana de convicção
Leitura: Hebreus 9:24-28

Do pôr do sol ao alvorecer

...como cada pessoa está destinada a morrer uma só vez [...] Cristo, [...] voltará [...] para trazer salvação a todos que o aguardam com grande expectativa.
Hebreus 9:27-28

Certa menina voltava, de carro, da igreja em que havia participado de um programa para crianças com os seus amiguinhos. Admirando o pôr do sol, ela disse à motorista: "Este pôr do sol é tão lindo que parece o céu!" Então a mulher lhe perguntou: "Você sabe como chegar ao céu?" A menina, de apenas cinco anos, respondeu confiantemente: "Você tem que ter Jesus como seu Salvador — e eu tenho!" Depois começou a perguntar aos seus amigos se eles também conheciam Jesus.

Naquela mesma noite, a sua irmã de 13 anos estava numa outra igreja, onde alguém lhe perguntou se ela conhecia a Jesus como seu Salvador, e ela respondeu que sim.

Na aurora seguinte, um incêndio irrompeu na casa das meninas e ambas morreram tragicamente. Ao amanhecer, elas estavam no Céu com Jesus.

Ninguém sabe como será o amanhã, e a pergunta crucial é: já admitimos a nossa necessidade do perdão de Deus e confiamos em Jesus como nosso Salvador? (Romanos 3:23; João 1;12). O nosso pecado nos separa de Deus e exige o julgamento, mas Jesus deu a Sua vida em nosso lugar (Hebreus 9:27-28).

Assegure-se de adquirir a mesma confiança dessas duas meninas. E, quando chegar a sua hora de partir, você estará no Céu com Jesus, no próximo alvorecer.

Anne Cetas

Agosto

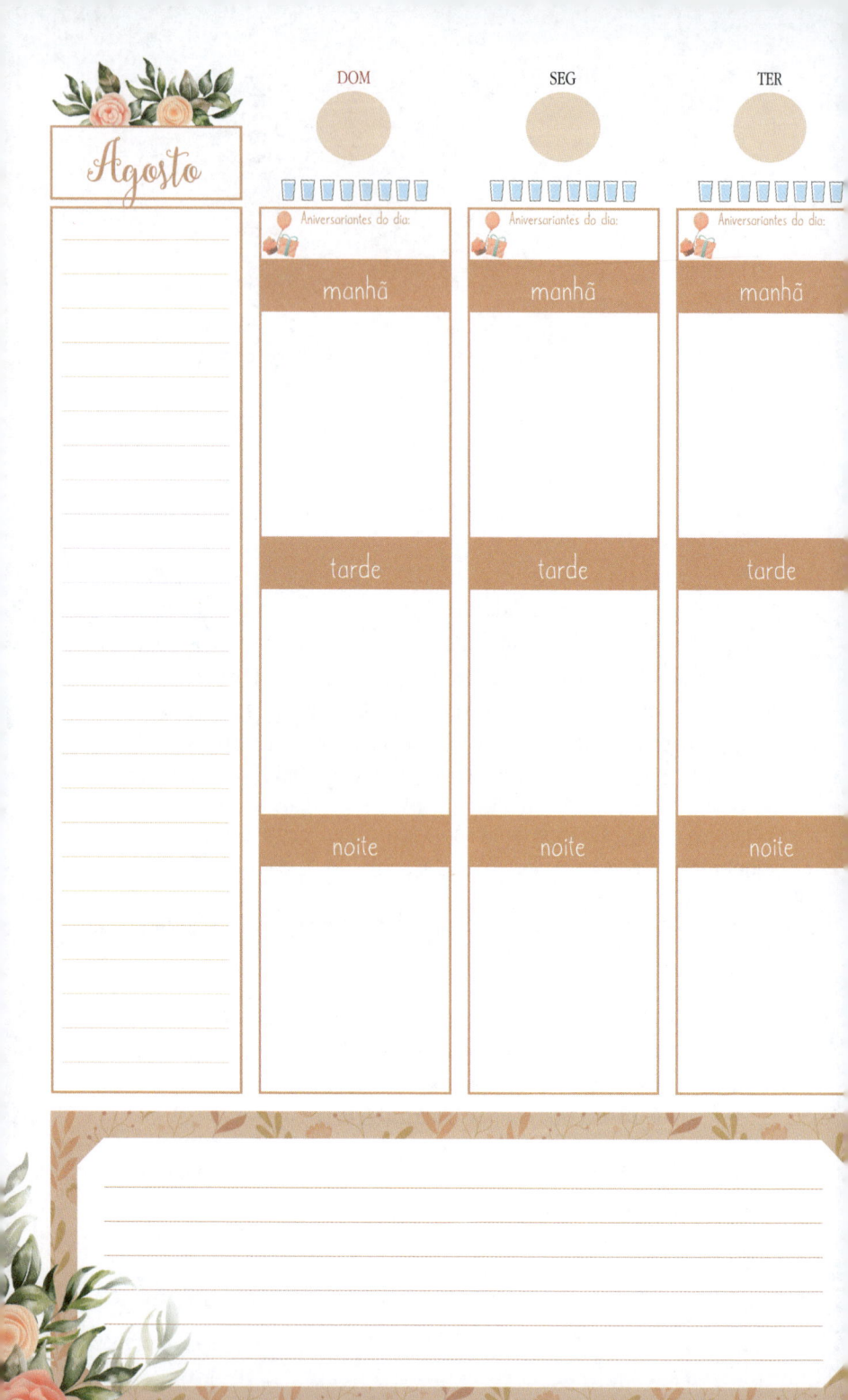

DOM	SEG	TER
Aniversariantes do dia:	Aniversariantes do dia:	Aniversariantes do dia:
manhã	manhã	manhã
tarde	tarde	tarde
noite	noite	noite

QUA	QUI	SEX	SÁB

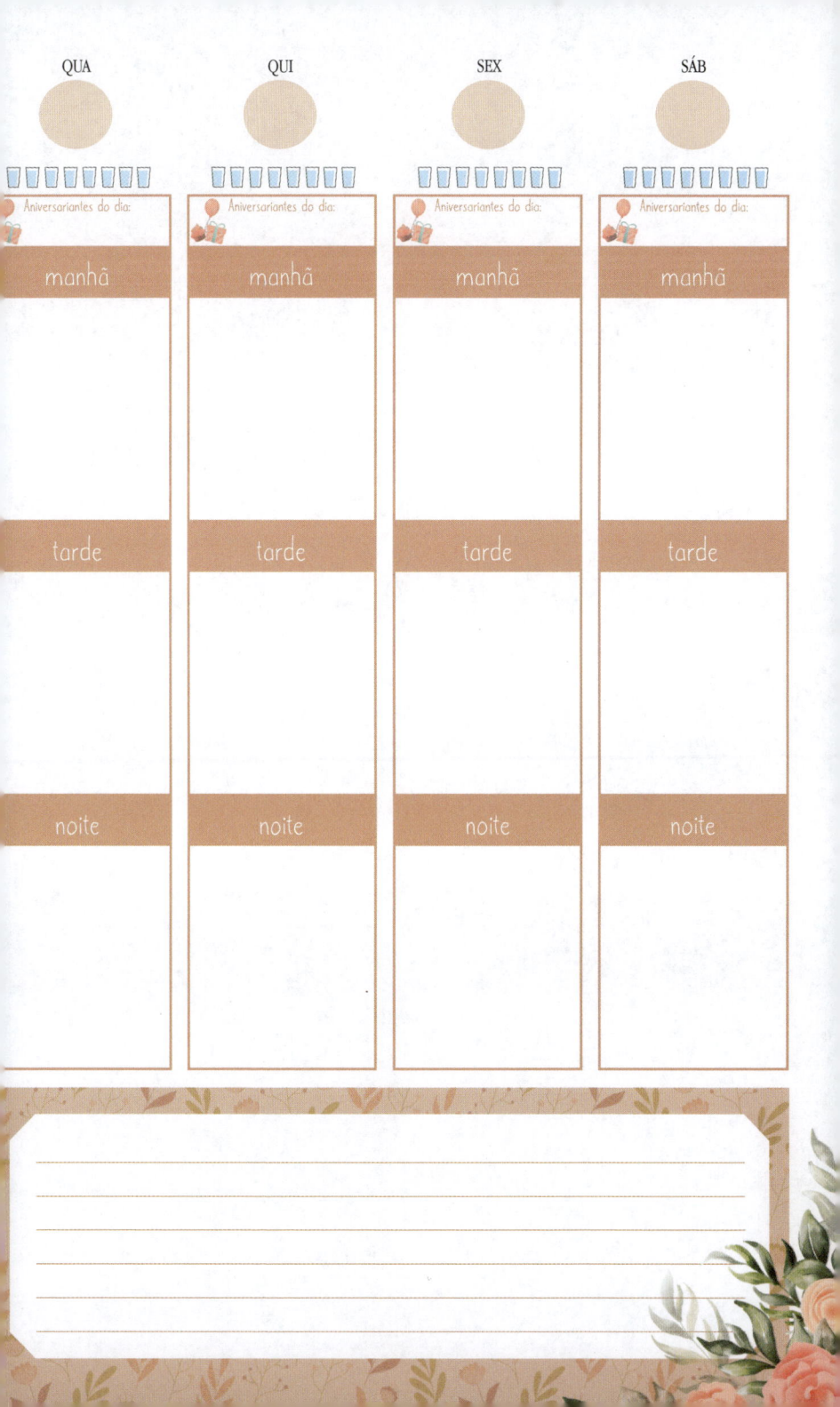

Aniversariantes do dia: Aniversariantes do dia: Aniversariantes do dia: Aniversariantes do dia:

manhã	manhã	manhã	manhã

tarde	tarde	tarde	tarde

noite	noite	noite	noite

Semana abençoada

Metas da semana

-
-
-
-
-
-
-
-
-
-
-
-

Motivos de oração

-
-
-
-
-
-
-
-
-
-
-
-

Comprar

-
-
-
-
-
-
-
-

Ideias

-
-
-
-
-
-
-
-

Prepare-se para uma semana de resiliência

Leitura: Gênesis 41:46-57

Ostras feridas

...Deus me fez prosperar na terra da minha aflição.
Gênesis 41:52

Quando o sofrimento, aparentemente injustificado, invade a nossa vida, perguntamos muitas vezes a nós mesmas: "Quem precisa de todo este sofrimento?" Considere por um momento a origem das pérolas.

Cada pérola é formada pela reação interna da ostra quando ferida por algo irritante, como um grão de areia. Ela começa a envolver o grão que a fere com camadas e mais camadas de nácar. O resultado final é uma pérola brilhante. Algo bonito foi criado — o que teria sido impossível sem a dor sofrida.

Na leitura bíblica de hoje vemos José numa posição de influência, uma posição que Deus usou para alimentar as nações vizinhas e a sua própria família durante a época da fome. Mas como José se tornou um homem de tanta influência? Tudo começou com sofrimento, quando ele foi vendido como escravo (Gênesis 39), o qual produziu uma pérola de imenso valor. José, quando humilhado, buscou ajuda nos recursos divinos e em consequência tornou-se uma pessoa melhor e não um homem amargurado. Ele chamou seu segundo filho de Efraim, o que significa: "Deus me fez prosperar na terra da minha aflição" (41:52).

O autor Paul E. Billheimer ao escrever sobre José, afirma: "Se a compaixão humana o tivesse livrado da parte triste de sua vida, a parte gloriosa, que se seguiu, não teria ocorrido." Portanto, se você está sofrendo, lembre-se: Sem sofrimentos não há pérolas!

Joanie Yoder

Agosto

DOM	SEG	TER
Aniversariantes do dia:	Aniversariantes do dia:	Aniversariantes do dia:
manhã	manhã	manhã
tarde	tarde	tarde
noite	noite	noite

QUA	QUI	SEX	SÁB

Aniversariantes do dia: | Aniversariantes do dia: | Aniversariantes do dia: | Aniversariantes do dia:

manhã | manhã | manhã | manhã

tarde | tarde | tarde | tarde

noite | noite | noite | noite

Semana abençoada

Metas da semana

Motivos de oração

Comprar

Ideias

Prepare-se para uma semana de presentes reais

LEITURA: Marcos 14:3-9

Que coisa bonita!

Jesus, porém, disse: "Deixem-na em paz. Por que a criticam por ter feito algo tão bom para mim?"
MARCOS 14:6

Por estar longe e a negócios, Tomás queria comprar alguns presentes para os seus filhos na loja do aeroporto. O vendedor recomendou alguns presentes caros, mas ele lhe disse: "Não tenho muito dinheiro comigo, preciso de algo mais barato." O vendedor tentou transmitir a ele a impressão de que estava sendo mesquinho. Mas Tomás sabia que seus filhos se alegrariam com qualquer coisa que lhes desse porque viria de um coração cheio de amor. E ele estava certo, pois os filhos gostaram muito dos presentes que receberam dele.

Durante a última visita de Jesus à cidade de Betânia, Maria quis demonstrar-lhe o amor que sentia por seu Mestre (MARCOS 14:3-9). Por isso ela comprou "…um frasco de alabastro contendo um perfume caro, feito de essência de nardo…" e o ungiu (v.3). Os discípulos ficaram indignados. "…Que desperdício!", disseram (MATEUS 26:8). Jesus lhes disse que parassem de perturbá-la, pois "…Por que a criticam por ter feito algo tão bom para mim?" (MARCOS 14:6). Outra tradução diz: "Ela fez uma coisa bonita para comigo." Jesus se deleitou com o presente de Maria, pois veio de um coração cheio de amor. Mesmo ungindo-o para o sepultamento, ela estava fazendo uma coisa bonita!.

O que você gostaria de dar para Jesus para demonstrar o seu amor? O seu tempo, talentos, dinheiro? Não importa se for algo caro ou barato — se outros o entenderem ou criticarem. Tudo o que dermos com o coração cheio de amor, será bonito para Ele.

Anne Cetas

Agosto

DOM	SEG	TER

Aniversariantes do dia:

manhã

tarde

noite

QUA	QUI	SEX	SÁB

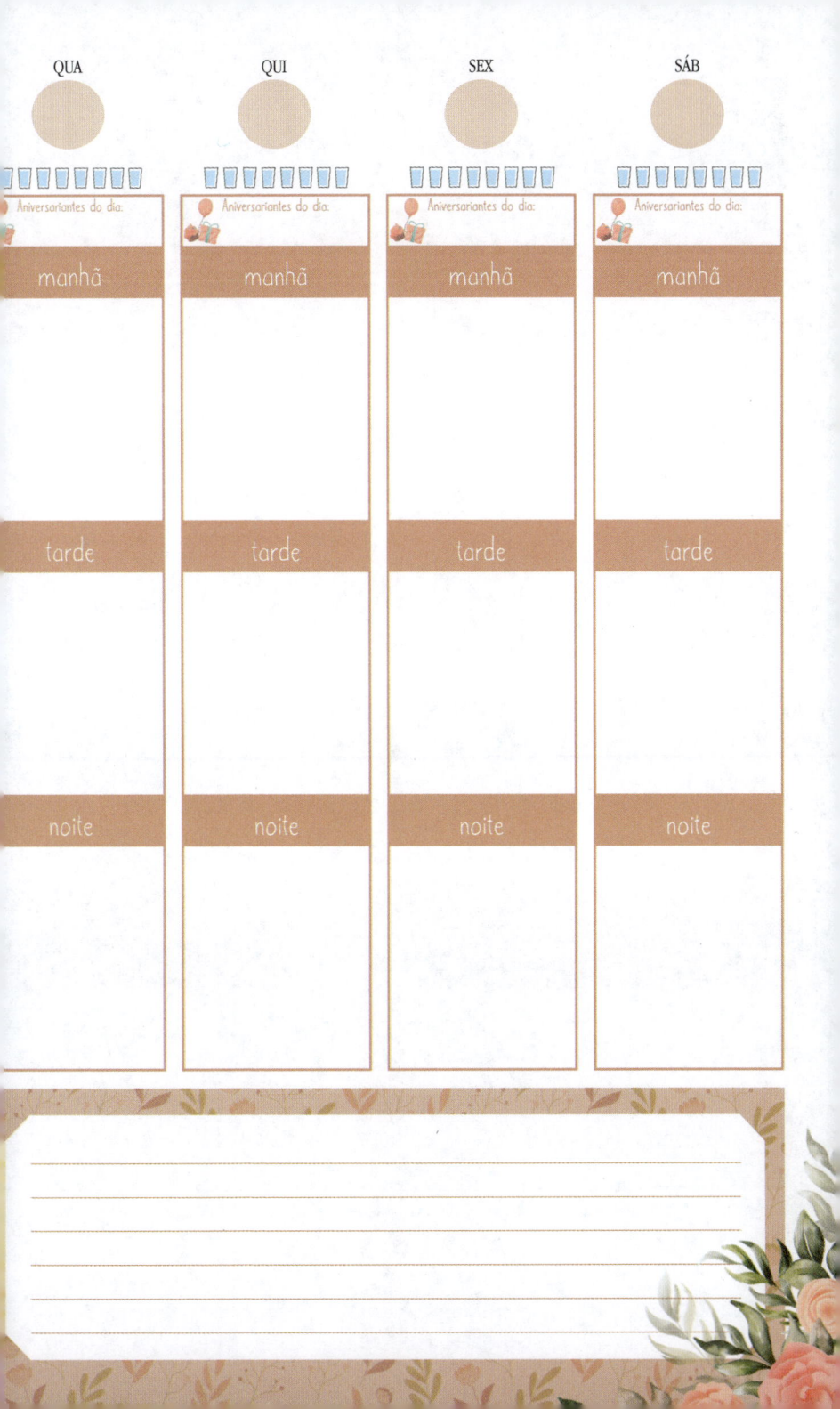

Aniversariantes do dia:

manhã	manhã	manhã	manhã
tarde	tarde	tarde	tarde
noite	noite	noite	noite

Semana abençoada

Metas da semana

-
-
-
-
-
-
-
-
-
-
-
-
-
-
-

Motivos de oração

-
-
-
-
-
-
-
-
-
-
-
-
-
-
-

Comprar

-
-
-
-
-
-
-
-
-

Ideias

-
-
-
-
-
-
-
-
-

Prepare-se para uma semana de sede benéfica

LEITURA: Salmo 73:23-28

Sede espiritual

Quem mais eu tenho no céu senão a ti?
Eu te desejo mais que a qualquer coisa na terra.
SALMO 73:25

Os especialistas na área da saúde nos aconselham a tomar pelo menos dois litros de água todos os dias. Isso pode reduzir o risco de um ataque cardíaco, dá um brilho saudável para a nossa pele e nos ajuda a perder peso. Deveríamos tomar ainda mais água se fizermos exercícios físicos ou se vivermos num clima quente ou seco. Mesmo não tendo sede, deveríamos tomar água de qualquer maneira.

A nossa sede por Deus é ainda mais benéfica. Quando estamos espiritualmente sedentos, ansiamos por ouvi-lo falar através da Sua Palavra e buscamos até por uma gota de conhecimento a Seu respeito. Quando estamos exercitando a nossa fé de uma nova maneira, queremos estar perto dele e receber as Suas forças. Nossa sede por Deus pode aumentar quando vemos como as pessoas ao nosso redor vivem em pecado ou quando nos conscientizamos do nosso próprio pecado e da necessidade que temos de Deus.

A sede espiritual é uma metáfora usada em todas as Escrituras. Asafe tinha sede por respostas para as perguntas que fez em seus salmos. Quando ele viu como os ímpios prosperavam, clamou a Deus para entender o porquê (SALMO 73:16). Ele encontrou forças no seu Senhor e compreendeu que não desejava nada mais além dele (v.25-26).

Se estivermos espiritualmente sedentos, poderemos seguir o exemplo de Asafe e nos aproximar de Deus (v.28). Ele nos satisfará e nos dará ao mesmo tempo uma sede maior por Ele. Aprenderemos a ansiar por Ele acima de todas as coisas.

Anne Cetas

Agosto

DOM	SEG	TER
Aniversariantes do dia:	Aniversariantes do dia:	Aniversariantes do dia:
manhã	manhã	manhã
tarde	tarde	tarde
noite	noite	noite

QUA	QUI	SEX	SÁB

Aniversariantes do dia: | Aniversariantes do dia: | Aniversariantes do dia: | Aniversariantes do dia:

manhã | **manhã** | **manhã** | **manhã**

tarde | **tarde** | **tarde** | **tarde**

noite | **noite** | **noite** | **noite**

Semana abençoada

Metas da semana

Motivos de oração

Comprar

Ideias

Prepare-se para uma semana de confiança
LEITURA: Filipenses 1:15-26

Vencedora

Pois, para mim, o viver é Cristo, e o morrer é lucro.
FILIPENSES 1:21

Luísa acabara de fazer uma cirurgia por causa de um câncer e estava sozinha, imersa em seus pensamentos. Ela já havia enfrentado a morte anteriormente, mas tinha sempre sido a morte de pessoas que ela amava — não a sua própria.

Repentinamente, ela compreendeu que perder alguém que muito amava fora para ela algo mais ameaçador do que a possibilidade de perder sua própria vida. E se questionou sobre tal sentimento. Ela se lembra de ter se perguntado antes da cirurgia: "Estou pronta para morrer?" A sua resposta imediata foi: "Sim, estou. Cristo é o meu Senhor e Salvador."

Com a certeza de sua prontidão em morrer, naquele momento, ela precisava se concentrar em viver. Ela viveria com medo ou fé? Parecia que Deus lhe dizia: "Eu te salvei da morte eterna, e quero salvá-la de viver com o medo." A passagem de Isaías 43:1 lhe veio à mente: "…Não tema, pois eu o resgatei; eu o chamei pelo nome, você é meu".

Agora Luísa testemunha: "Sim, pertenço a Ele! Essa realidade é mais importante do que os médicos que me dizem que estou com câncer." E ela acrescenta: "De qualquer forma, sou uma vencedora!".

A compreensão de Luísa ecoa claramente as palavras de Paulo no texto de hoje: "Pois, para mim, o viver é Cristo e o morrer é lucro." Oremos para que essas palavras ressoem em nossos corações. Essa confiança nos fará vencedoras, em qualquer situação.

Joanie Yoder

Agosto

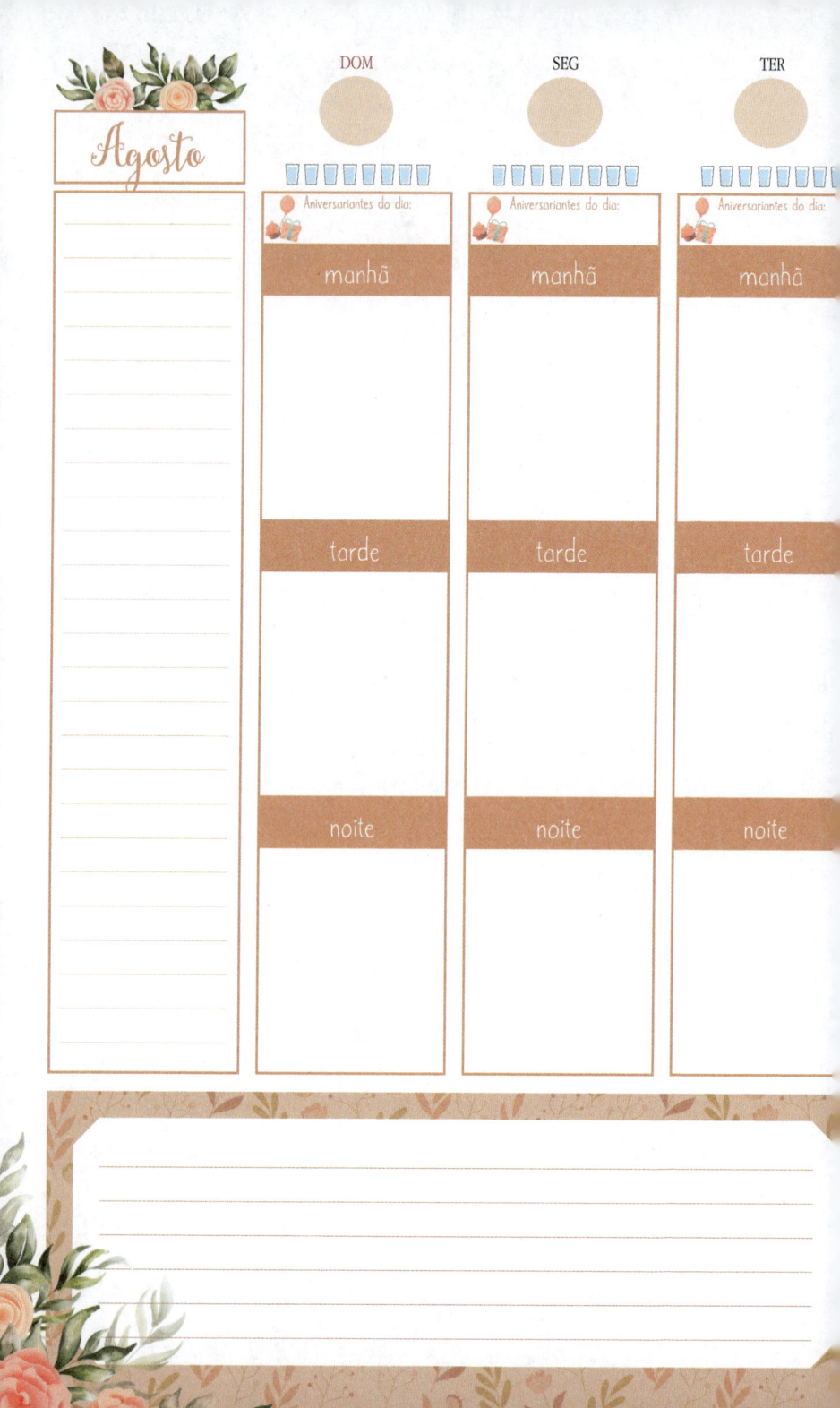

DOM	SEG	TER

Aniversariantes do dia:

manhã

tarde

noite

Aniversariantes do dia:

manhã

tarde

noite

Aniversariantes do dia:

manhã

tarde

noite

QUA	QUI	SEX	SÁB

Aniversariantes do dia:

manhã	manhã	manhã	manhã
tarde	tarde	tarde	tarde
noite	noite	noite	noite

Semana abençoada

Metas da semana

-
-
-
-
-
-
-
-
-
-
-
-
-
-

Motivos de oração

-
-
-
-
-
-
-
-
-
-
-
-
-
-

Comprar

-
-
-
-
-
-
-
-

Ideias

-
-
-
-
-
-
-
-

Prepare-se para uma semana de oração

Leitura: Lucas 11:1-10

Por onde eu começo?

Em minha angústia, clamei ao Senhor, e ele respondeu à minha oração.
Salmo 120:1

Muitos anos atrás, eu estava descendo por uma estrada quando meu carro morreu. Estacionei no acostamento, saí do veículo e abri o capô. Enquanto olhava para o motor, pensei: "Que beleza! Não entendo nada sobre carros. Nem sei por onde começar!".

Às vezes nos sentimos assim quando pensamos em orar: por onde eu começo? Era isso que os discípulos queriam saber quando pediram a Jesus: "...Senhor, ensine-nos a orar" (Lucas 11:1). O melhor lugar para buscar orientação é no exemplo e nos ensinamentos de Jesus. Duas perguntas que podem passar pela sua cabeça são:

Onde devemos orar? Jesus orou no templo; no deserto (Lucas 4); em lugares isolados (Mateus 14:22-23); no Jardim de Getsêmani (Lucas 22) e na cruz (Lucas 23:34,46). Ele orava sozinho e também com os outros. Olhe para a vida dele, siga Seu exemplo e ore onde você estiver.

O que devemos orar? Na oração do Pai Nosso, o Senhor Jesus nos ensinou a pedir que o nome de Deus seja glorificado e que a Sua vontade seja feita na Terra e no Céu. Peça-lhe pelo sustento diário, pelo perdão dos pecados e pelo livramento das tentações e do mal (Lucas 11:2-4).

Portanto, se você está procurando por um bom ponto de partida, use como exemplo a oração sacerdotal que Jesus nos ensinou.

Anne Cetas

Agosto

DOM	SEG	TER
Aniversariantes do dia:	Aniversariantes do dia:	Aniversariantes do dia:
manhã	manhã	manhã
tarde	tarde	tarde
noite	noite	noite

QUA	QUI	SEX	SÁB

Aniversariantes do dia: | Aniversariantes do dia: | Aniversariantes do dia: | Aniversariantes do dia:

manhã | **manhã** | **manhã** | **manhã**

tarde | **tarde** | **tarde** | **tarde**

noite | **noite** | **noite** | **noite**

Planejamento setembro

	DOM	SEG	TER

É nisto que consiste o amor: não em que tenhamos amado a Deus, mas em que ele nos amou e enviou seu Filho como sacrifício para o perdão de nossos pecados. 1 João 4:10

Planejamento setembro

QUA	QUI	SEX	SÁB

A vida de quem ama a Deus é a janela pela qual outras pessoas podem ver Jesus.

Objetivos para setembro

Quem ama a Deus e atinge o fundo do poço, descobre que Cristo é o firme fundamento.

Semana abençoada

Metas da semana

Motivos de oração

Comprar

Ideias

Prepare-se para uma semana de direção

Leitura: João 10:1-15

Mais que bons conselhos

...Ele chama suas ovelhas pelo nome e as conduz para fora.
João 10:3

Há muitos anos, fui convidada a falar sobre como *aconselhar* aos outros. Para me preparar, abri a concordância bíblica para verificar as ocorrências da palavra *guiar* esperando encontrar uma enorme lista de versículos que se referissem à direção de Deus. Para minha surpresa, a palavra *guiar* não constava naquela concordância bíblica. Em vez disso, encontrei a palavra *guia* e um bom número de versículos prometendo que o próprio Deus seria o guia do Seu povo.

Essa descoberta deu uma nova visão à minha peregrinação cristã. Lembrei-me de que as pessoas cegas necessitam de cães-guias e não cães que as aconselhem! Ainda que os cachorros falassem, como seria insatisfatório se fossem simples orientadores, avisando os cegos a distância: "Agora, tenha cuidado! Você está se aproximando de um buraco. Cuidado com a beira da calçada!". Não, essas criaturas fiéis, mas mudas, escoltam seus companheiros cegos a cada passo do caminho, sendo os seus olhos e dirigindo-os com segurança por caminhos inseguros.

Algumas pessoas querem que Deus seja semelhante a um balcão de informações. Mas quando a nossa visão está turva e o nosso caminho escuro, como muitas vezes acontece, precisamos mais do que de um bom conselho — precisamos do Bom Pastor para nos guiar (João 10:3,11).

Ao seguirmos a Cristo a cada dia, teremos sempre toda a direção que precisarmos.

Joanie Yoder

Setembro

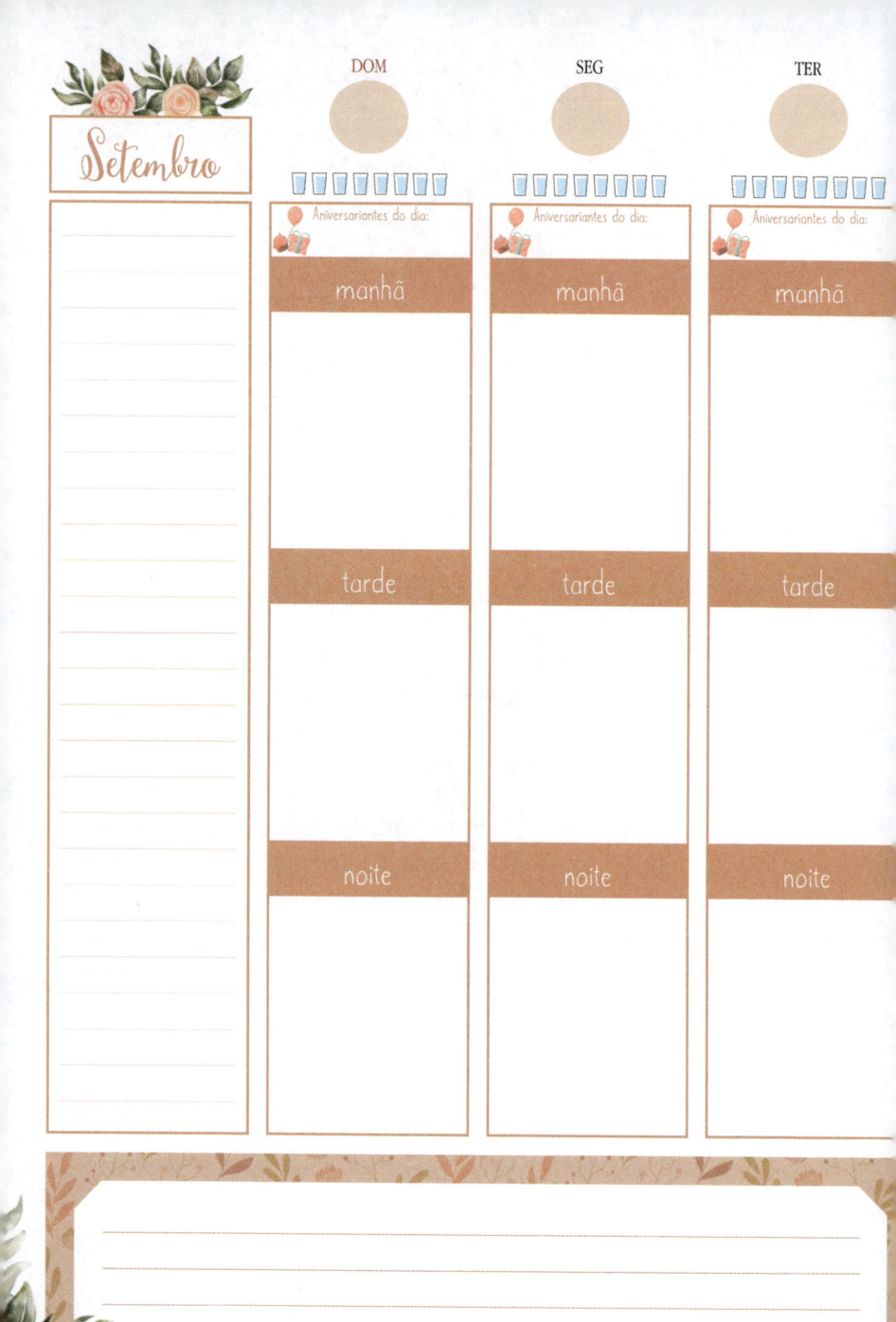

DOM	SEG	TER

Aniversariantes do dia:

manhã

tarde

noite

QUA	QUI	SEX	SÁB

Aniversariantes do dia:

manhã

tarde

noite

Semana abençoada

Metas da semana

-
-
-
-
-
-
-
-
-
-
-
-
-

Motivos de oração

-
-
-
-
-
-
-
-
-
-
-
-
-

Comprar

-
-
-
-
-
-
-
-

Ideias

-
-
-
-
-
-
-
-

Prepare-se para uma semana de fome da Palavra

Leitura: Salmo 119:97-104

Gulodices

Como são doces as tuas palavras; são mais doces que o mel!
Salmo 119:103

Certa mulher devia ter um desejo enorme por chocolate, pois parou numa loja em Londres e comprou todas as barras de um determinado chocolate que havia em estoque. Ela pagou em dinheiro pelas 10.656 barras e ninguém se incomodou em perguntar-lhe por que ela queria tanto chocolate, mas comentou-se ironicamente: "Quem sabe ela tem gula por doces."

O salmista também tinha "gula" — por algo muito mais saudável do que chocolate. Ele amava a Palavra de Deus e a considerava mais doce do que o mel (Salmo 119:103). Como podemos desenvolver nosso paladar espiritual, de maneira que tenhamos um forte anseio pela doçura da Palavra de Deus?

Leia a Palavra. Pode parecer um conselho óbvio, mas você aprenderá a amá-la como o salmista. Utilize alguns minutos todos os dias para ler uma passagem bíblica. Pense no significado das palavras, em seu contexto.

Reflita na Palavra. Anote um versículo e leve-o consigo. Leia-o diversas vezes durante o dia. Siga o exemplo do salmista e medite "o dia todo" (v.97).

Aplique a Palavra. Peça a Deus que lhe mostre o que você deve compreender e como deve aplicar em sua vida hoje. A Palavra de Deus lhe dará um "bom e saudável alimento espiritual" e sempre lhe trará a satisfação.

Anne Cetas

Setembro

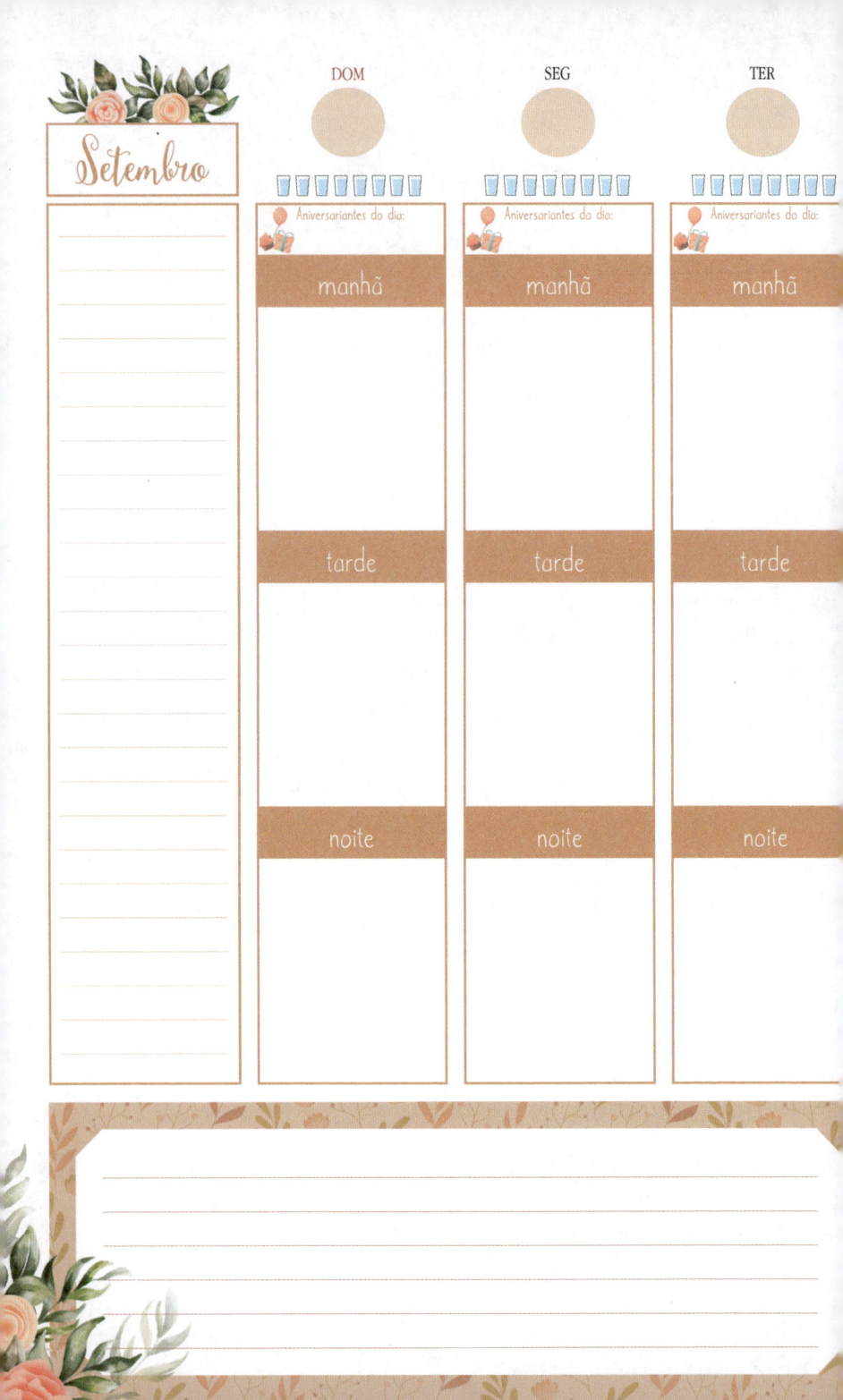

DOM	SEG	TER

Aniversariantes do dia:

manhã

tarde

noite

Aniversariantes do dia:

manhã

tarde

noite

Aniversariantes do dia:

manhã

tarde

noite

QUA	QUI	SEX	SÁB

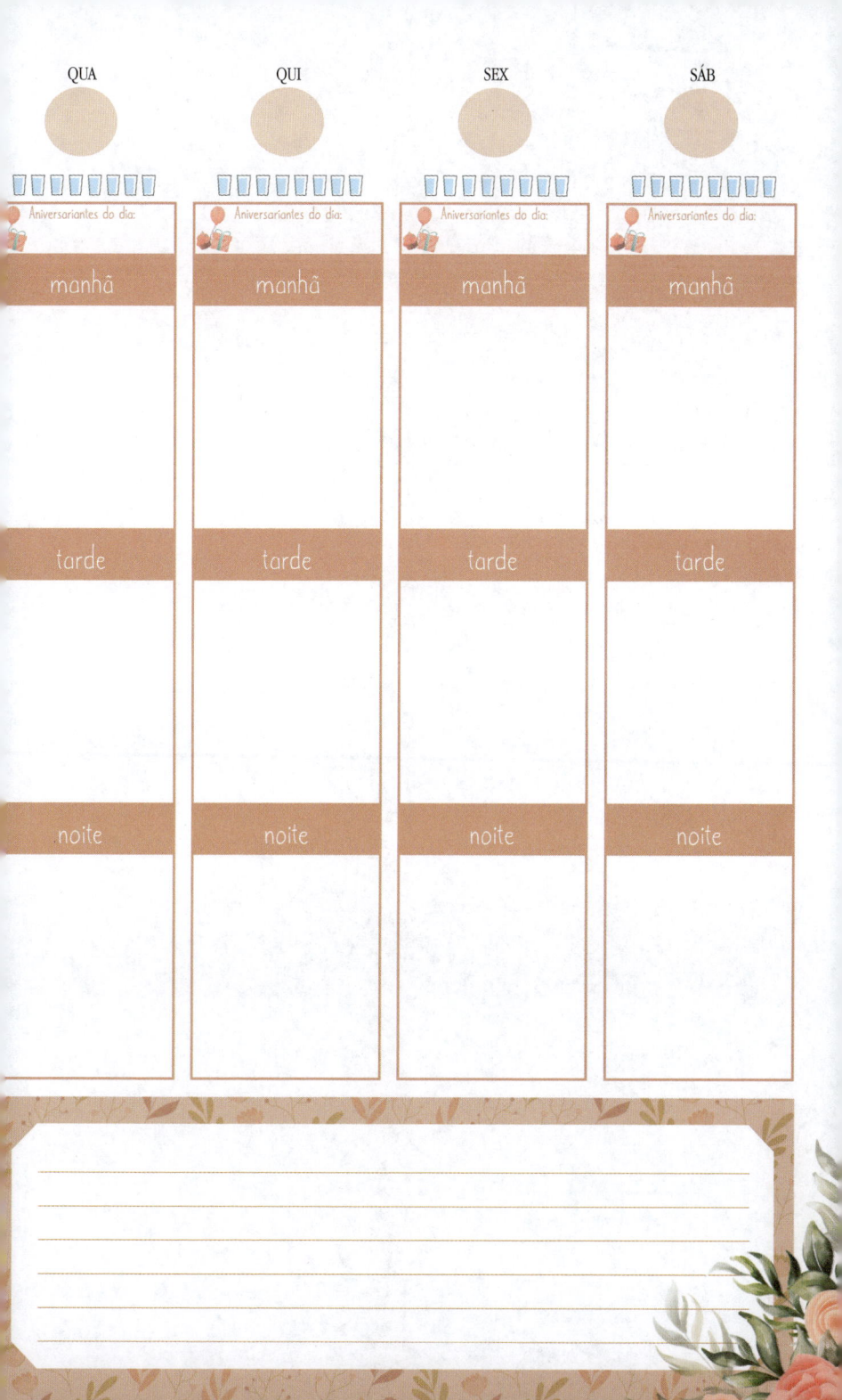

Aniversariantes do dia:

manhã

tarde

noite

Semana abençoada

Metas da semana

Motivos de oração

Comprar

Ideias

Prepare-se para uma semana de prioridades
Leitura: João 1:35-42

O que você deseja?

*Jesus olhou em volta e viu que o seguiam.
"O que vocês querem?", perguntou...*
João 1:38

Como você responderia se Jesus lhe perguntasse o que você quer? (João 1:38). Você lhe pediria saúde e bem-estar físico? Um melhor emprego? Um casamento mais feliz? Segurança financeira? A defesa de uma falsa acusação? A salvação para um ente querido voluntarioso? Uma explicação de um conceito teológico difícil?

Para dois dos discípulos de João Batista, esta situação foi mais do que um exercício de imaginação. Certo dia, enquanto estavam com João, Jesus caminhava por perto e João anunciou: "Vejam! É o Cordeiro de Deus!" (v.36). Em vez de continuarem a seguir o apóstolo João, os seus dois discípulos começaram a seguir a Jesus.

Quando Jesus os viu, perguntou: "...O que vocês querem?..." (v.38). Aparentemente, João os havia ensinado bem porque a resposta deles indicava que não estavam buscando algo para si, mas o próprio Jesus. Eles queriam saber onde Jesus estava hospedado. Jesus não lhes mostrou somente o lugar, mas investiu o Seu tempo com eles durante o restante daquele dia.

Pergunto-me quantas vezes desperdiçamos a oportunidade de dedicar o nosso tempo na presença de Jesus porque estamos em busca de algo mais do que a Sua presença. E sei por experiência própria que quanto mais tempo passo com Jesus, menor é o desejo que sinto por inúmeras coisas que antes pareciam tão importantes.

Julie Ackerman Link

Setembro

DOM	SEG	TER

Aniversariantes do dia:

manhã

tarde

noite

QUA	QUI	SEX	SÁB

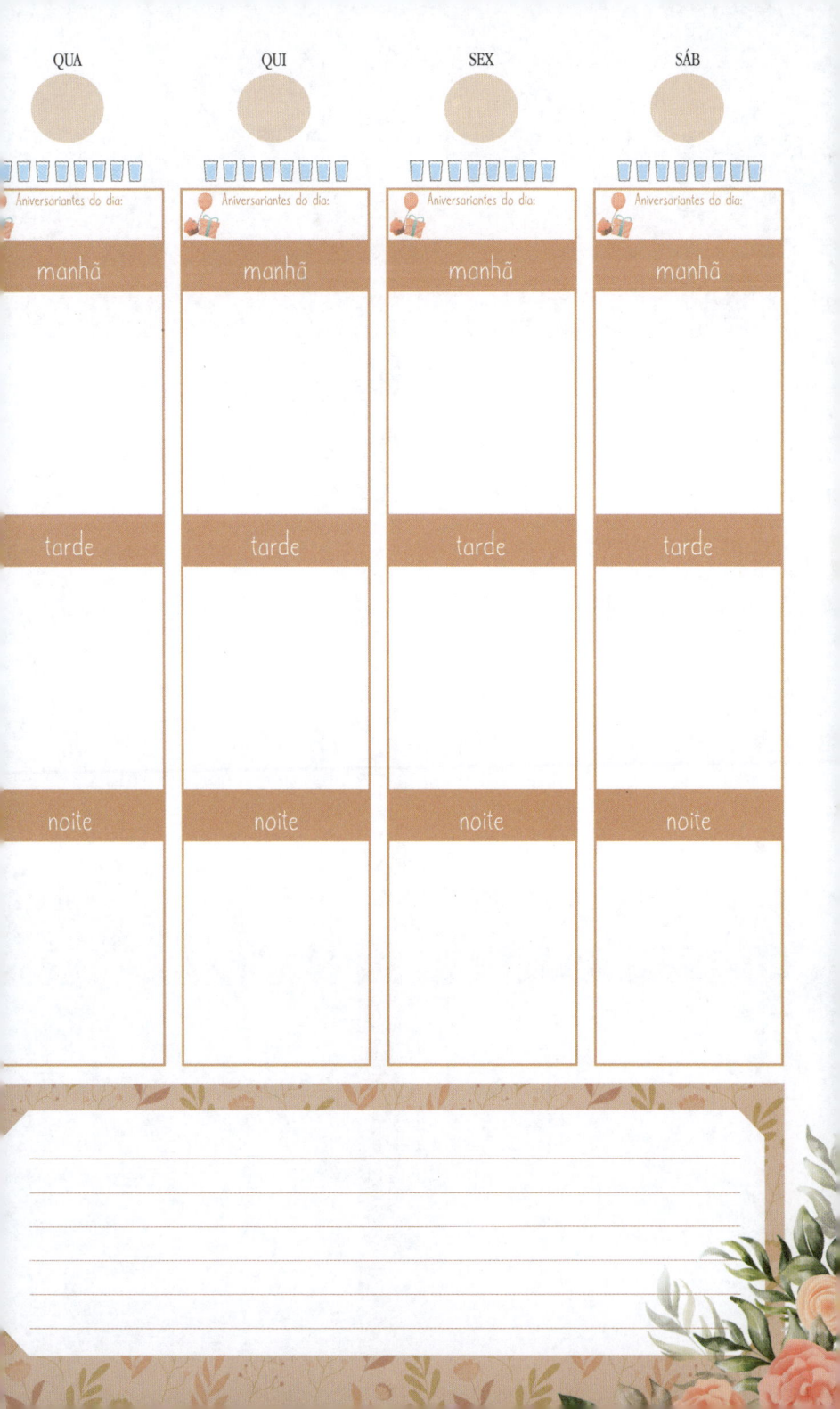

Aniversariantes do dia:

manhã	manhã	manhã	manhã
tarde	tarde	tarde	tarde
noite	noite	noite	noite

Semana abençoada

Metas da semana

-
-
-
-
-
-
-
-
-
-
-
-
-

Motivos de oração

-
-
-
-
-
-
-
-
-
-
-
-
-

Comprar

-
-
-
-
-
-
-
-

Ideias

-
-
-
-
-
-
-
-

Prepare-se para uma semana de aceitação

Leitura: Salmo 139:13-18

Envelhecendo...

Eu te agradeço por me teres feito de modo tão extraordinário...
Salmo 139:14

Muitas pessoas tentam retardar o processo de envelhecimento. Os que têm rugas fazem cirurgias plásticas, enquanto outros tomam injeções para remover linhas faciais indesejáveis. Por detrás desta moda atual, está a ideia de que um rosto que envelhece é inaceitável. Mas nem todos pensam assim. Perguntaram a uma senhora idosa, ao ser entrevistada na televisão: "Você gosta do seu rosto?" Ela respondeu com convicção: "Eu amo o meu rosto! Foi o rosto que Deus me deu e eu o aceito com alegria".

No Salmo 139, Davi expressou a convicção de que todo o seu ser foi feito por Deus e, portanto, era digno de aceitação. Ele orou: "Eu te agradeço por me teres feito de modo tão extraordinário..." (v.14). Ele também acreditava que Deus escrevera no Seu livro a respeito de todos os dias da sua vida (v.16).

Em vez de lutar uma batalha perdida contra nossa aparência jovial decadente, deveríamos nos concentrar em cultivar qualidades interiores que durarão para sempre. Um atributo chave é a fé vitalícia em Deus, a qual assegura ao Seu povo: "Serei o seu Deus por toda a sua vida, até que seus cabelos fiquem brancos..." (Isaías 46:4).

O autor Myron Taylor escreve: "O tempo pode enrugar a pele, mas a preocupação, a dúvida, o ódio e a perda dos ideais enrugam a alma." Ao aceitarmos graciosamente o passar dos anos, Deus fará desaparecer as rugas da nossa alma.

Joanie Yoder

Setembro

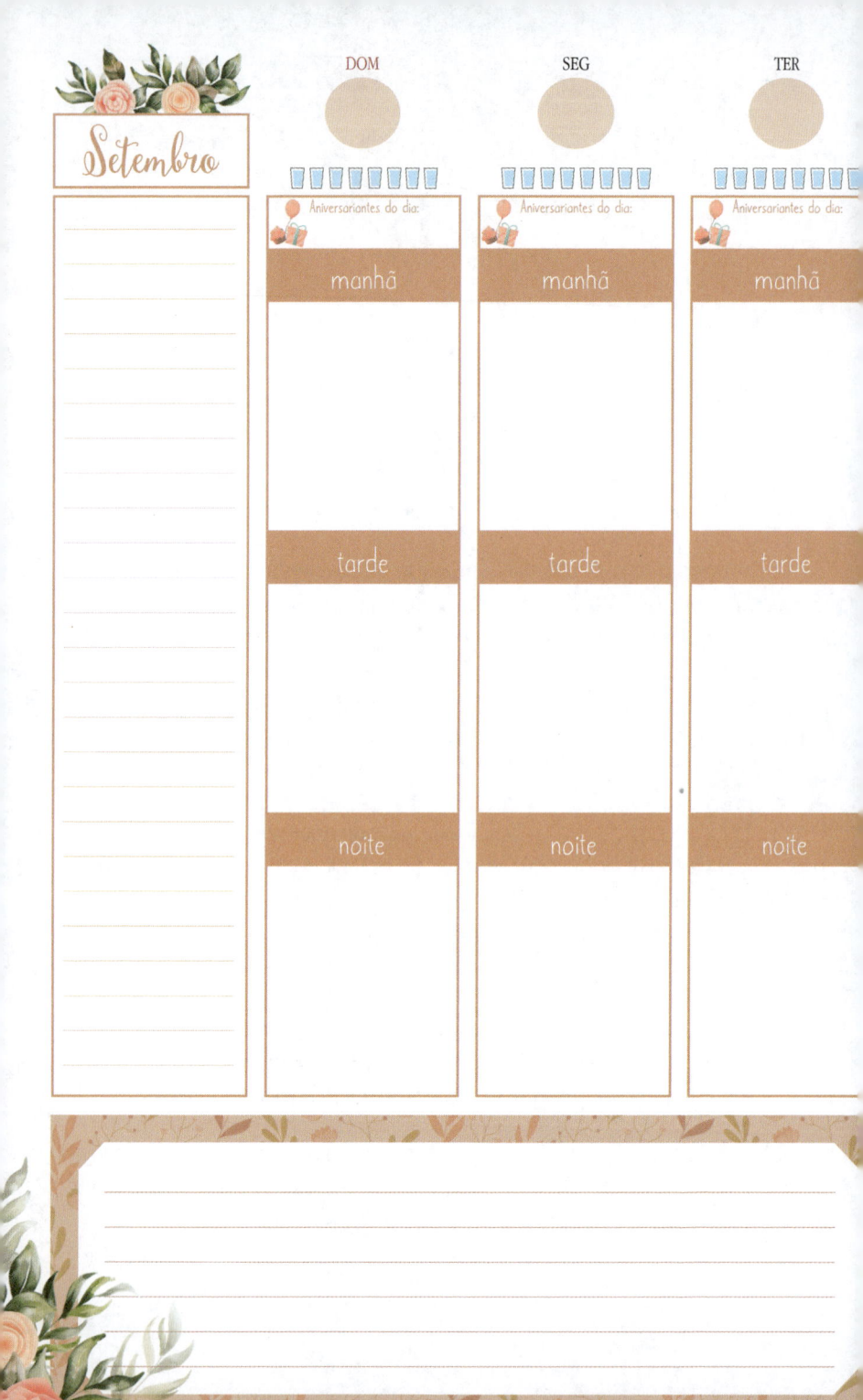

DOM	SEG	TER

Aniversariantes do dia:

manhã

tarde

noite

Aniversariantes do dia:

manhã

tarde

noite

Aniversariantes do dia:

manhã

tarde

noite

QUA	QUI	SEX	SÁB
Aniversariantes do dia:	Aniversariantes do dia:	Aniversariantes do dia:	Aniversariantes do dia:
manhã	manhã	manhã	manhã
tarde	tarde	tarde	tarde
noite	noite	noite	noite

Semana abençoada

Metas da semana

-
-
-
-
-
-
-
-
-
-
-
-
-
-

Motivos de oração

-
-
-
-
-
-
-
-
-
-
-
-
-
-

Comprar

-
-
-
-
-
-
-
-
-

Ideias

-
-
-
-
-
-
-
-
-

Prepare-se para uma semana de fortalecimento

LEITURA: Filipenses 4:8-13

Forças para hoje

Posso todas as coisas por meio de Cristo, que me dá forças.
FILIPENSES 4:13

A maioria das pessoas possui um calendário ou uma agenda, nos quais são anotados os detalhes de futuros compromissos. Tenho um amigo cristão que usa um destes meios, de forma diferente. Ele registra atividades importantes apenas depois que elas ocorreram.

Aqui está como ele o faz: Cada manhã, ele ora: "Senhor, eu sigo fortalecido somente por ti. Por favor, usa-me conforme a Tua vontade". Então, sempre que ele realiza algo incomum ou difícil, ele registra isto em sua agenda, à noite. Ele escreve, por exemplo: "Hoje eu fui capaz de compartilhar o meu testemunho com um amigo." "Hoje Deus me ajudou a superar o meu medo, por meio da fé." "Hoje, fui capaz de ajudar e encorajar uma pessoa em dificuldades."

O meu amigo usa a palavra "capaz" porque sabe que não poderia fazer tais coisas sem a ajuda de Deus. Ao registrar cada fato que foi capaz de realizar, ele dá toda a glória a Deus. Confiando sempre nas forças que Deus lhe dá, ele testemunha como o apóstolo Paulo, que disse: "Posso todas as coisas por meio de Cristo, que me dá forças" (FILIPENSES 4:13).

Ao começar cada novo dia, peça a Deus para fortalecer e usá-la. Você pode estar segura de que ao olhar para trás naquele dia, você louvará e glorificará o Senhor ao perceber como Ele a ajudou a realizar as coisas que precisavam acontecer.

Joanie Yoder

Setembro

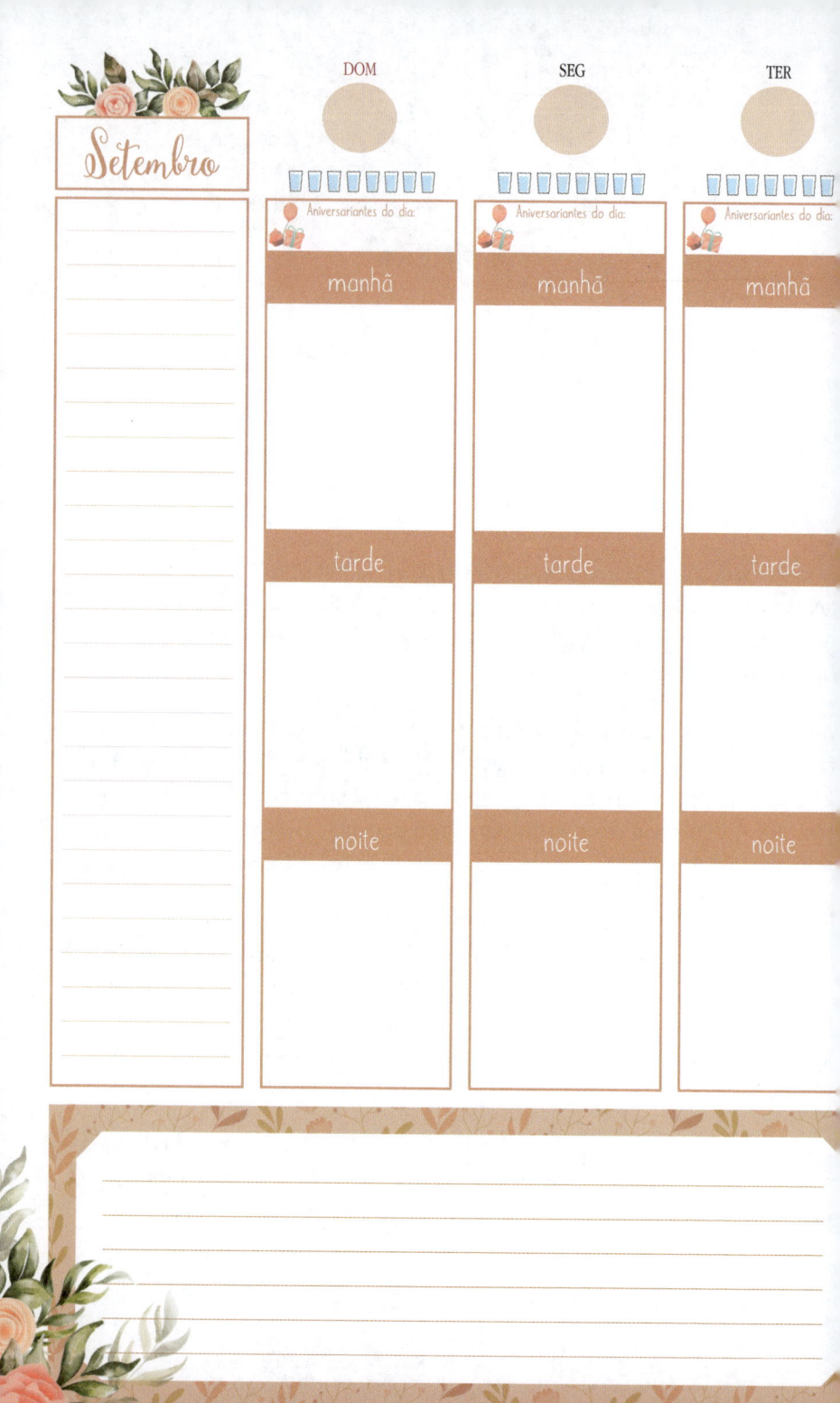

DOM
Aniversariantes do dia:

manhã

tarde

noite

SEG
Aniversariantes do dia:

manhã

tarde

noite

TER
Aniversariantes do dia:

manhã

tarde

noite

QUA	QUI	SEX	SÁB
Aniversariantes do dia:	Aniversariantes do dia:	Aniversariantes do dia:	Aniversariantes do dia:
manhã	manhã	manhã	manhã
tarde	tarde	tarde	tarde
noite	noite	noite	noite

Semana abençoada

Metas da semana

Motivos de oração

Comprar

Ideias

Prepare-se para uma semana de sucesso

LEITURA: Josué 1:1-9

Receita para o sucesso

> Relembre continuamente os termos deste Livro da Lei. Medite nele dia e noite, [...] e terá sucesso em tudo que fizer.
>
> JOSUÉ 1:8

Narizes torcidos e lábios contraídos — algumas vezes essa é a reação de minha família quando cozinho; especialmente quando tento algo novo na cozinha. Recentemente, tive uma experiência interessante com uma versão singular de uma receita de macarrão com queijo. Anotei rapidamente os ingredientes e guardei a receita para futuras oportunidades. Sem a sequência de instruções, eu sabia que a receita seria um fracasso.

Sem as instruções de Deus, Josué teria fracassado ao liderar os israelitas à Terra Prometida. O primeiro passo era ser "...forte e corajoso..." (Josué 1:6). A seguir, deveria meditar continuamente no Livro da Lei, e finalmente, deveria fazer tudo o que o livro dizia. Enquanto Josué seguisse as orientações, tinha a promessa de Deus de que teria "sucesso" (v.8). A "receita do sucesso" de Deus pode funcionar para nós também, mas a ideia que Ele tem de sucesso pouco se relaciona ao dinheiro, popularidade ou até mesmo boa saúde. No original hebraico, "terá sucesso" significa "você agirá com sabedoria". Assim como Deus chamou Josué para caminhar em sabedoria, Ele também nos diz "sejam cuidadosos em seu modo de vida. Não vivam como insensatos, mas como sábios" (EFÉSIOS 5:15).

Conforme somos encorajadas no Senhor, alimentamo-nos de Sua Palavra e a obedecemos, temos a receita para o sucesso divino, que é melhor do que qualquer receita que porventura pudéssemos preparar sozinhas.

Jennifer Benson Schuldt

Setembro

DOM	SEG	TER

Aniversariantes do dia:

manhã

tarde

noite

QUA	QUI	SEX	SÁB

Aniversariantes do dia: | Aniversariantes do dia: | Aniversariantes do dia: | Aniversariantes do dia:

manhã | **manhã** | **manhã** | **manhã**

tarde | **tarde** | **tarde** | **tarde**

noite | **noite** | **noite** | **noite**

Planejamento outubro

DOM	SEG	TER

Porque Deus amou tanto o mundo que deu seu Filho único, para que todo o que nele crer não pereça, mas tenha a vida eterna. João 3:16

Planejamento outubro

QUA	QUI	SEX	SÁB

Testemunhar sobre Cristo nunca está fora de época.

Objetivos para outubro

Deixe o amor de Deus
preencher o seu coração
e ele se refletirá
em seu rosto.

Semana abençoada

Metas da semana

-
-
-
-
-
-
-
-
-
-
-
-
-
-

Motivos de oração

-
-
-
-
-
-
-
-
-
-
-
-
-
-

Comprar

-
-
-
-
-
-
-
-

Ideias

-
-
-
-
-
-
-
-

Prepare-se para uma semana de buscas

LEITURA: 1 Crônicas 28: 1-10

Busque o Senhor

...Se você o buscar, o encontrará...
1 Crônicas 28:9

Os turistas raramente tiram fotografias excepcionais. Eles poucas vezes procuram encontrar o lugar certo para conseguir o ângulo perfeito de luz nas condições adequadas do tempo. Para conseguir fotografias bonitas ao ar livre, fotógrafos profissionais têm o cuidado de observar a cena de ângulos diferentes, em estações diferentes e em horas diferentes do dia.

Faz-me questionar se o motivo de muitas pessoas não conseguirem ter uma imagem clara da beleza e da glória de Deus é por fazerem julgamentos rápidos, sem grande concentração. Chegam a conclusões erradas sobre Deus, baseando-se apenas em más experiências com igrejas ou no encontro com alguém que se diz cristão, mas que não vive como tal. Fazem um mau julgamento de como o Senhor é, e se afastam, sentindo-se desiludidos.

A busca por Deus envolve mais do que uma observação casual. O rei Davi falou ao seu filho Salomão: "...Se você o buscar, o encontrará..." (1 Crônicas 28:9). O salmista disse: "Como são felizes os que [...] o buscam de todo o coração!" (Salmo 119:2). E o autor de Hebreus escreveu que: "...Deus [...] recompensa aqueles que o buscam" (11:6).

Para conhecer e ver o Senhor Deus em toda a Sua plenitude e glória, não podemos nos aproximar dele como turistas. Precisamos buscá-lo em todos os momentos, com todo o nosso coração.

Julie Ackerman Link

Outubro

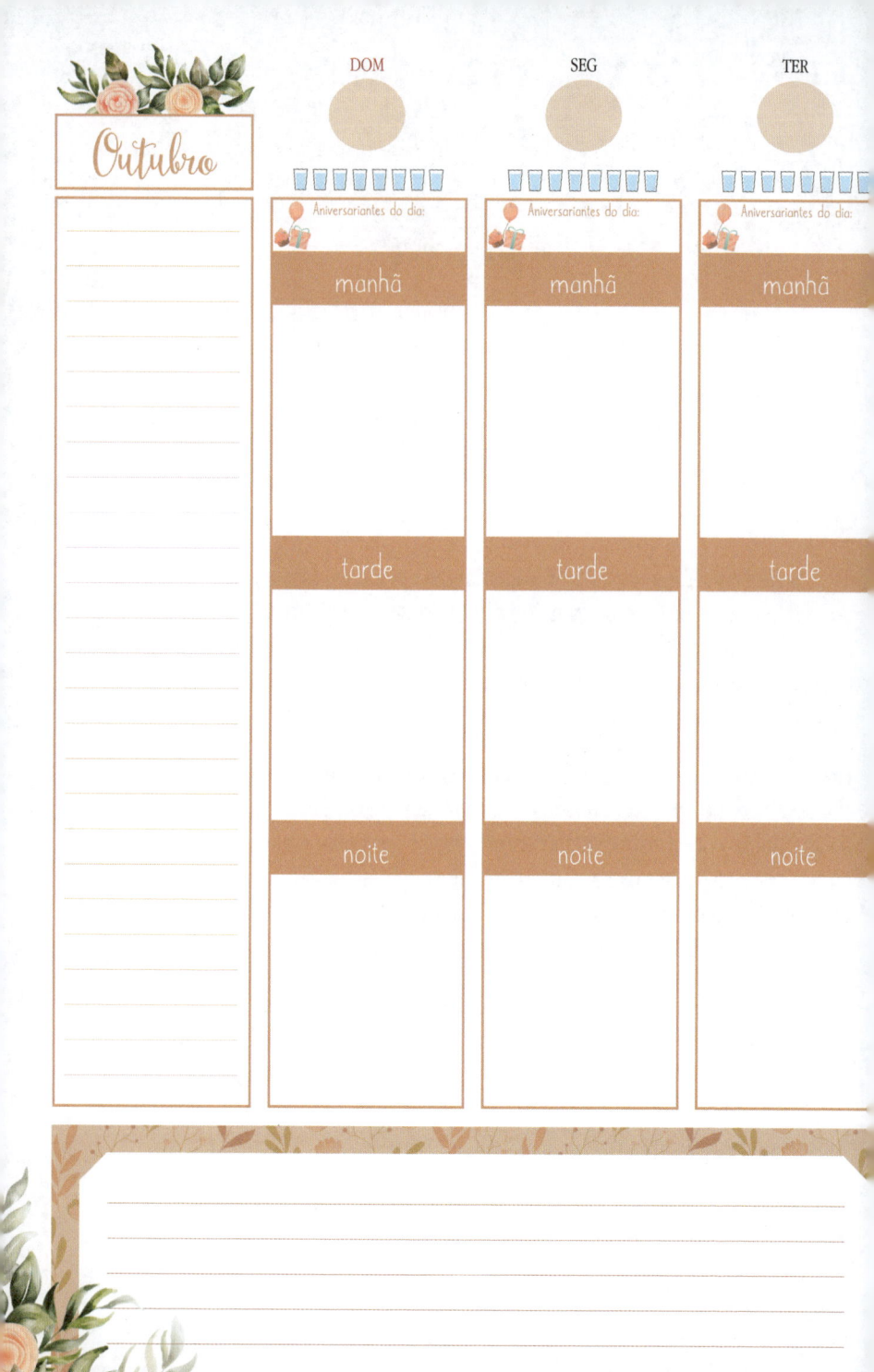

DOM	SEG	TER
Aniversariantes do dia:	Aniversariantes do dia:	Aniversariantes do dia:
manhã	manhã	manhã
tarde	tarde	tarde
noite	noite	noite

QUA	QUI	SEX	SÁB

Aniversariantes do dia:

manhã | **manhã** | **manhã** | **manhã**

tarde | **tarde** | **tarde** | **tarde**

noite | **noite** | **noite** | **noite**

Semana abençoada

Metas da semana

Motivos de oração

Comprar

Ideias

Prepare-se para uma semana de persistência

Leitura: Lucas 11:1-13

Seja persistente

Portanto eu lhes digo: peçam, e receberão...
Lucas 11:9

Certa ocasião, ouvi uma mulher dizer que nunca orava mais do que uma única vez por um pedido específico. Ela não queria aborrecer a Deus com seus repetidos pedidos de oração.

O ensinamento do Senhor sobre a oração, em Lucas 11, contradiz essa ideia. Ele contou a parábola de um homem que foi à casa de seu amigo à meia-noite e lhe pediu alguns pães para dar a seus visitantes inesperados. A princípio, o amigo se recusou pois ele e sua família já estavam dormindo. Finalmente, ele se levantou e lhe deu os pães, não por causa da sua amizade, mas porque o vizinho foi muito persistente (vv.5-10).

Jesus usou esta parábola para mostrar o contraste entre o amigo relutante e o generoso Pai celestial. Se um vizinho irritado cede aos pedidos persistentes e firmes de seu amigo, quanto mais o nosso Pai celestial nos dará prontamente tudo o que necessitarmos!

É verdade que Deus, em Sua grande sabedoria, algumas vezes pode demorar em responder as nossas orações. Também é verdade que devemos orar de acordo com as Escrituras e com a vontade de Deus. Mas Jesus foi além destes fatos para motivar-nos a persistir na oração. Ele nos disse para pedir, buscar e bater até que recebamos a resposta (v.9). Por isso, não se preocupe em aborrecer a Deus. Ele nunca se cansará da sua oração persistente!

Joanie Yoder

Outubro

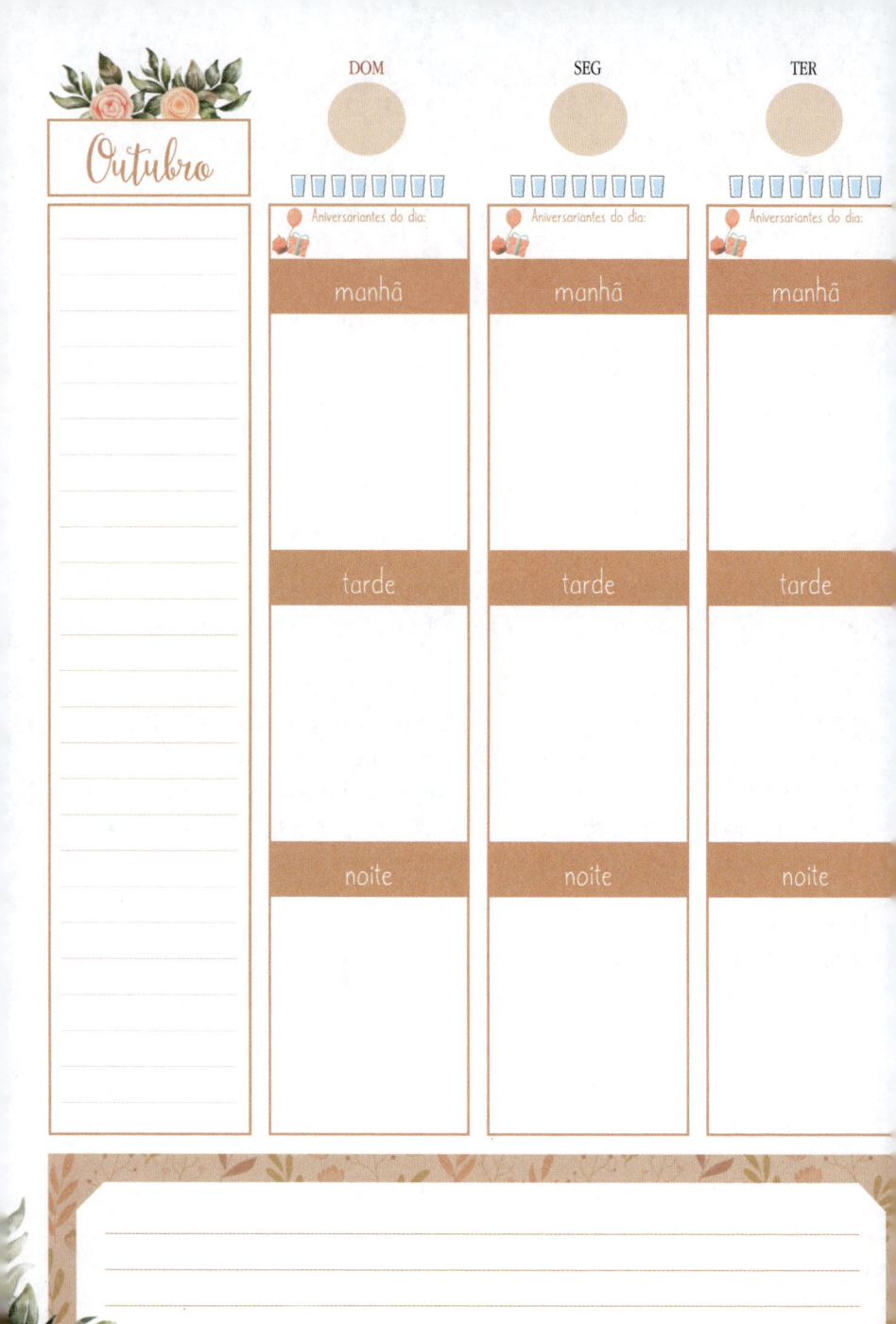

DOM	SEG	TER
Aniversariantes do dia:	Aniversariantes do dia:	Aniversariantes do dia:
manhã	manhã	manhã
tarde	tarde	tarde
noite	noite	noite

QUA	QUI	SEX	SÁB
Aniversariantes do dia:	Aniversariantes do dia:	Aniversariantes do dia:	Aniversariantes do dia:
manhã	manhã	manhã	manhã
tarde	tarde	tarde	tarde
noite	noite	noite	noite

Semana abençoada

Metas da semana

-
-
-
-
-
-
-
-
-
-
-
-
-

Motivos de oração

-
-
-
-
-
-
-
-
-
-
-
-
-

Comprar

-
-
-
-
-
-
-
-
-

Ideias

-
-
-
-
-
-
-
-
-

Prepare-se para uma semana de reflexão

Leitura: Efésios 2:1-10

Religião ou Cristo?

*Vocês são salvos pela graça, por meio da fé.
Isso não vem de vocês; é uma dádiva de Deus.*
Efésios 2:8

Maria trabalha muito e quer que o seu chefe reconheça o que ela faz e a recompense com uma promoção e um salário melhor. Nanci gosta de seu trabalho e do produto que é vendido por sua companhia e, por ser leal, trabalha duro para melhorar ainda mais o produto final.

Maria é como alguém que espera que as boas obras ou a religião sejam, um dia, recompensadas por Deus. Tais pessoas contam com suas boas obras para chegar ao Céu. Nanci é exemplo daqueles que confiam em Deus para a sua salvação. Tais pessoas fazem as boas obras motivadas por gratidão e amor a Deus.

As pessoas religiosas podem crer em Deus, ir à igreja, fazer orações, ser bondosas e serem vistas como bons seres humanos. Pessoas religiosas têm muitas qualidades que são boas, mas a religião não substitui a fé em Jesus Cristo.

As pessoas que tem fé em Cristo depositam sua confiança nele para receber o perdão dos seus pecados. Elas têm a certeza de que irão entrar no Céu, e procuram tornar-se mais semelhantes a Jesus todos os dias. O apóstolo Paulo disse que o caminho da salvação é pela graça, por meio da fé. Não de obras, é dádiva de Deus (Efésios 2:8-9).

O único caminho para chegar ao Pai celestial é pela fé em Jesus (João 14:6). Você escolherá a religião ou Cristo?

Anne Cetas

Outubro

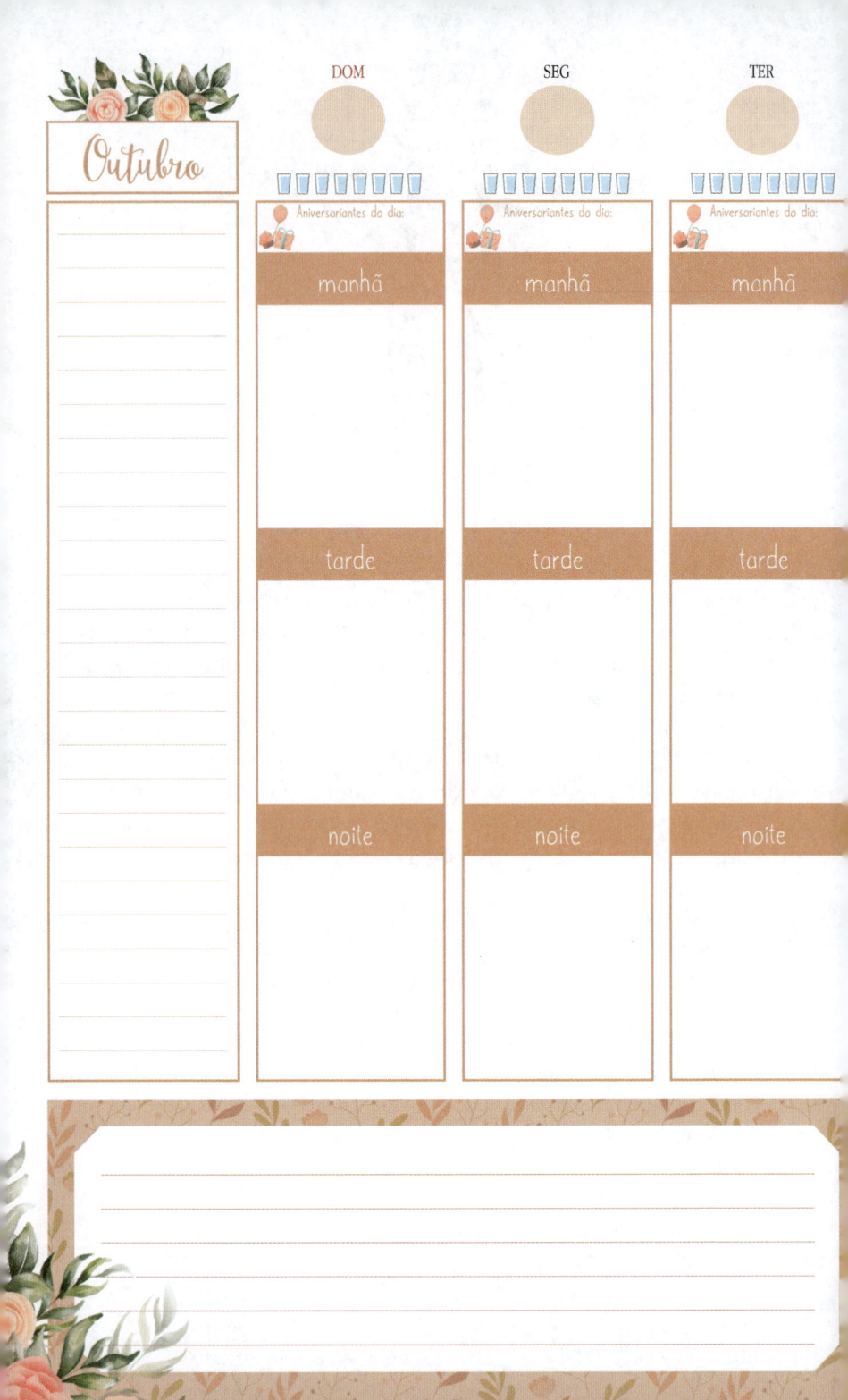

DOM	SEG	TER
○	○	○

Aniversariantes do dia:

manhã

tarde

noite

QUA	QUI	SEX	SÁB

Aniversariantes do dia: Aniversariantes do dia: Aniversariantes do dia: Aniversariantes do dia:

manhã | **manhã** | **manhã** | **manhã**

tarde | **tarde** | **tarde** | **tarde**

noite | **noite** | **noite** | **noite**

Semana abençoada

Metas da semana

Motivos de oração

Comprar

Ideias

Prepare-se para uma semana de crescimento

LEITURA: Hebreus 12:1-11

Dor e recompensa

> Nenhuma disciplina é agradável no momento em que é aplicada; ao contrário, é dolorosa. Mais tarde, porém, produz uma colheita de vida justa e de paz...
> HEBREUS 12:11

Há anos, eu era uma cristã extremamente ansiosa. Quando comecei a sentir-me emocionalmente débil, Deus não interveio, pois Ele sabia que eu deveria chegar ao fim das minhas próprias forças. Quando finalmente cheguei ao fundo, nas rochas, a "rocha" sobre a qual eu caí foi Jesus Cristo.

O Senhor começou imediatamente a me reconstruir, aplicando verdades da Sua Palavra para me ensinar o que significa confiar e ter fé. Gradualmente, Ele me transformou na pessoa alegre e dependente de Deus que Ele queria que eu fosse. Através desta experiência dolorosa, mas proveitosa, aprendi que quando Deus nos disciplina, a nossa maior recompensa não é o que adquirimos, mas o que nos tornamos.

Em Hebreus 12, lemos que o nosso Pai celestial nos ama tanto que não nos deixará permanecer imaturos. Como qualquer pai amoroso, Ele nos disciplina, corrige e nos treina, muitas vezes através de situações difíceis. Deus usa os nossos momentos de lutas para ajudar-nos a crescer e nos tornarmos mais santos (vv.10,11).

Muitas pessoas são motivadas a viver em função da sua saúde, riqueza e comodidade, e tentam evitar a dor a qualquer custo. Mas a vida abundante que Deus planejou para os Seus filhos e filhas não está livre de problemas. O crescimento e a transformação muitas vezes são desconfortáveis, mas a recompensa é digna de qualquer dor.

Joanie Yoder

Outubro

DOM	SEG	TER
Aniversariantes do dia:	Aniversariantes do dia:	Aniversariantes do dia:
manhã	manhã	manhã
tarde	tarde	tarde
noite	noite	noite

QUA

Aniversariantes do dia:

manhã

tarde

noite

QUI

Aniversariantes do dia:

manhã

tarde

noite

SEX

Aniversariantes do dia:

manhã

tarde

noite

SÁB

Aniversariantes do dia:

manhã

tarde

noite

Semana abençoada

Metas da semana

Motivos de oração

Comprar

Ideias

Prepare-se para uma semana de autoanálise

Leitura: Colossenses 3:5-9

Maneira de viver

E "não pequem ao permitir que a ira os controle".
Acalmem a ira antes que o sol se ponha.
Efésios 4:26

"Como foi que tudo ficou sujo tão depressa?", resmunguei enquanto limpava a mesa de vidro. "Há um mês toda a casa estava completamente limpa." Meu marido respondeu: "A limpeza é uma tarefa diária, e não um acontecimento único." Sei que ele está certo, mas detesto admitir isto. Gostaria de limpar a casa uma só vez por mês e que ela ficasse limpa.

Mas a sujeira não se rende tão facilmente. Uma mancha atrás da outra, e a sujeira retorna. Peça por peça, a desordem se acumula. O pecado é como a sujeira e a desordem em minha casa.

Eu quero eliminar todos os pecados com apenas uma oração de confissão e arrependimento. Mas não se elimina o pecado assim tão facilmente. Pensamento após pensamento, as más atitudes voltam. Escolha após escolha, e as consequências desagradáveis se amontoam. O apóstolo Paulo ensinou aos cristãos em Colossos: "...agora é o momento de se livrarem da ira, da raiva, da maldade, da maledicência e da linguagem obscena" (Colossenses 3:8). E disse à igreja de Éfeso: E "não pequem ao permitir que a ira os controle". Acalmem a ira antes que o sol se ponha" (Efésios 4:26).

A morte e a ressurreição de Cristo eliminaram a necessidade de um sacrifício diário. Mas a confissão e o arrependimento ainda são essenciais para a vida cristã diária. Livrar-se de coisas tais como a ira, indignação e maledicência, é uma tarefa diária, e não um acontecimento único.

Julie Ackerman Link

Outubro

DOM	SEG	TER

Aniversariantes do dia:

manhã

tarde

noite

Aniversariantes do dia:

manhã

tarde

noite

Aniversariantes do dia:

manhã

tarde

noite

QUA	QUI	SEX	SÁB

Aniversariantes do dia:

manhã | manhã | manhã | manhã

tarde | tarde | tarde | tarde

noite | noite | noite | noite

Semana abençoada

Metas da semana

Motivos de oração

Comprar

Ideias

Prepare-se para uma semana de esperança no porvir

LEITURA: Apocalipse 22:1-5

A vida no céu

Não haverá mais maldição sobre coisa alguma, porque o trono de Deus e do Cordeiro estará ali, e seus servos o adorarão.
APOCALIPSE 22:3

As palavras a seguir foram inscritas na lápide de um túmulo: "Não chore por mim nem agora, nem nunca; pois eu nada mais farei para todo sempre". Algumas pessoas acham que o Céu será um lugar enfadonho. Outros, após anos exaustivos de trabalho, anseiam por nada fazer no Céu, a aposentadoria definitiva!

É verdade que no Céu vamos descansar dos nossos trabalhos terrenos (APOCALIPSE 14:13), mas o Céu não é o lugar onde nada se faz. Quando João teve uma visão da Nova Jerusalém com o trono de Deus e do Cordeiro, lugar em que habitava o povo redimido de Deus, ele afirmou simplesmente: "…seus servos o adorarão" (22:3). Se conhecemos a Cristo como Salvador, ressuscitaremos com poder para servi-lo, na eternidade. Nós nunca mais o serviremos de forma indiferente e esporádica, como muitas vezes fazemos agora. Mas serviremos com entusiasmo e "…dia e noite [o servem] em seu templo…" (7:15). De formas impossíveis de imaginar, estaremos envolvidos criativamente com Deus, sem as agonias da decadência e da morte (21:4). Vamos passar a eternidade felizes, deleitando-nos no amor redentor de Deus e explorando prazeres eternos à Sua destra (SALMO 16:11).

O Céu, com certeza, não será um lugar enfadonho, no qual nada teremos para fazer; será um lugar onde veremos a face de Cristo e o serviremos alegremente e para sempre!

Joanie Yoder

Outubro

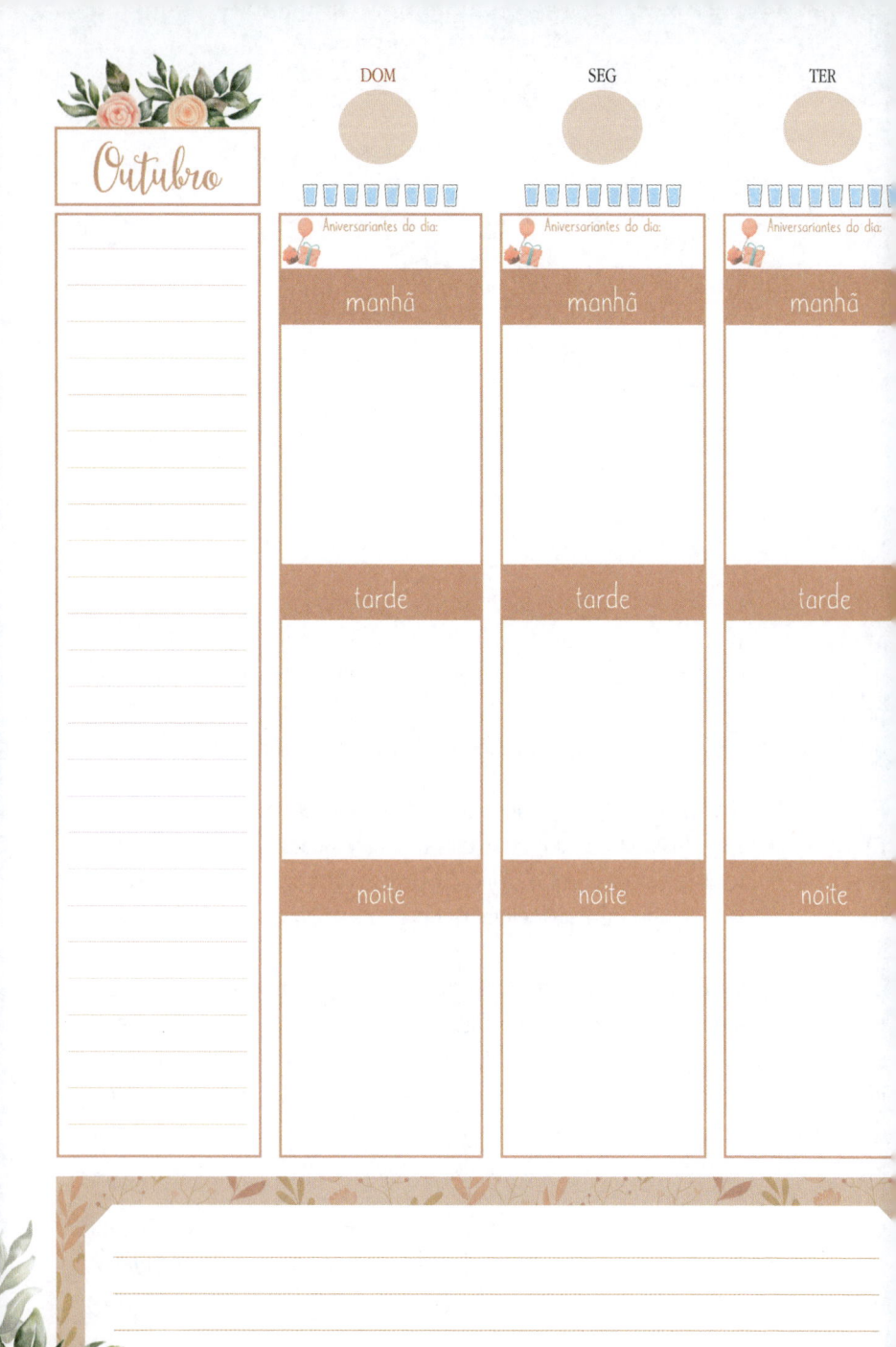

DOM	SEG	TER

Aniversariantes do dia:

manhã

tarde

noite

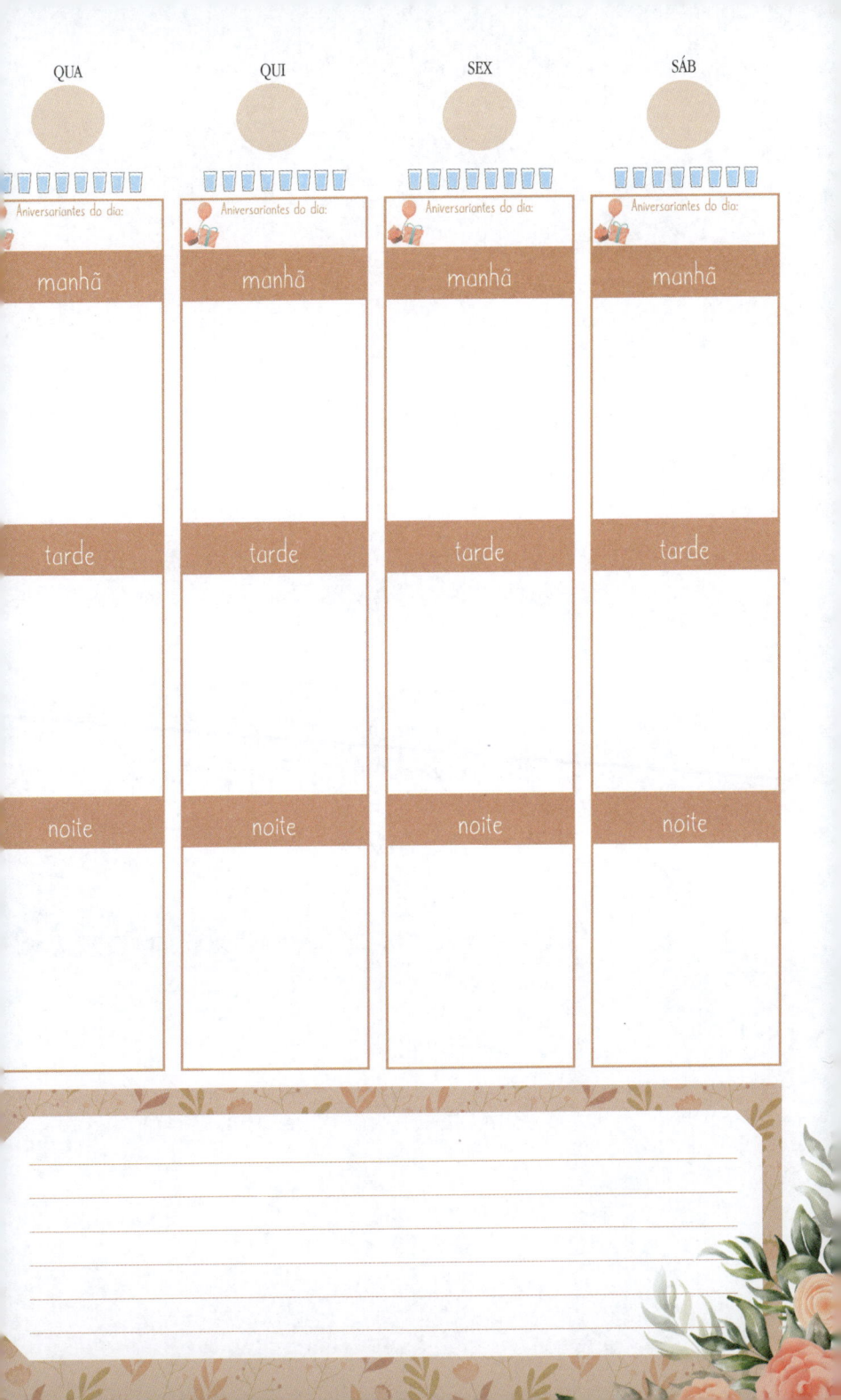

QUA	QUI	SEX	SÁB
Aniversariantes do dia:	Aniversariantes do dia:	Aniversariantes do dia:	Aniversariantes do dia:
manhã	manhã	manhã	manhã
tarde	tarde	tarde	tarde
noite	noite	noite	noite

Planejamento novembro

DOM	SEG	TER

...nada, em toda a criação, jamais poderá nos separar do amor de Deus revelado em Cristo Jesus, nosso Senhor. ROMANOS 8:39

Planejamento novembro

QUA	QUI	SEX	SÁB
♡	♡	♡	♡
♡	♡	♡	♡
♡	♡	♡	♡
♡	♡	♡	♡
♡	♡	♡	♡
♡	♡	♡	♡

O Senhor é o sustentador do Universo.

Objetivos para novembro

Se você teme a Deus, então não precisa temer mais nada.

Semana abençoada

Metas da semana

Motivos de oração

Comprar

Ideias

Prepare-se para uma semana de novas chances
Leitura: Lucas 22:24-34

Uma nova chance

...você me ama? [...] "Então cuide de minhas ovelhas".
João 21:16

Jesus prometeu a Pedro algo que todo cristão anseia ter — uma nova chance (Lucas 22:31-34). Depois de lhe dizer que Satanás o peneiraria como trigo, Jesus assegurou a Pedro que havia orado para que a sua fé não desfalecesse. Mesmo que Pedro tivesse insistido afirmando que nunca o abandonaria, Jesus lhe disse que ele o negaria três vezes, antes do amanhecer. Ao antecipar a restauração de Pedro, Jesus o incumbiu de um ministério no futuro: "…quando tiver se arrependido e voltado para mim, fortaleça seus irmãos" (v.32).

O pregador George Duncan afirmou: "Penso que muitos comitês de igreja não teriam visto em Pedro um candidato certo para as vagas ali existentes!" Todavia, Duncan destacou que no Dia de Pentecostes, Deus escolheu Pedro para pregar o sermão mais importante da história da igreja. Duncan disse: "Parece-me que alguns cristãos têm uma mensagem de perdão para os descrentes, mas nenhuma mensagem de perdão para o cristão. Alegro-me em saber que Deus tem esta mensagem para nós!" Por causa deste perdão, Pedro teve mais tempo para continuar o seu trabalho.

De fato, se você é uma cristã arrependida como Pedro, também poderá confiar que o Senhor lhe dará mais uma chance. Confesse o seu pecado e experimente o Seu perdão, Sua cura e restauração (1 João 1:9)

Joanie Yoder

Novembro

DOM	SEG	TER

Aniversariantes do dia:

manhã

tarde

noite

QUA	QUI	SEX	SÁB

Aniversariantes do dia: | Aniversariantes do dia: | Aniversariantes do dia: | Aniversariantes do dia:

manhã | **manhã** | **manhã** | **manhã**

tarde | **tarde** | **tarde** | **tarde**

noite | **noite** | **noite** | **noite**

Semana abençoada

Metas da semana

Motivos de oração

Comprar

Ideias

Prepare-se para uma semana de diligência

Leitura: Provérbios 6:6-11

A formiga sábia

...[A formiga] trabalha duro durante todo o verão, juntando comida para o inverno.

Provérbios 6:8

Todos os anos faço algo especial para comemorar a chegada da primavera — compro armadilhas para formigas. Essas pequenas invasoras marcham continuamente até nossa cozinha em busca de migalhas deixadas no chão. Elas não são exigentes; um fragmento de batata frita; um grão de arroz ou até mesmo uma partícula de queijo as satisfaz.

Embora as formigas sejam um incômodo, Salomão as elogiou por sua ética de trabalho constante (Provérbios 6:6-11). Ele ressaltou que elas têm sua própria orientação, "Embora não tenha príncipe, nem autoridade, nem governante" (v.7), e mesmo assim são muito produtivas. As formigas mantêm-se ocupadas mesmo quando não é necessário, abastecendo-se de suprimentos no verão e ajuntando o seu mantimento na colheita (v.8). Chegando o inverno, não se preocupam com o que comerão. Pouco a pouco, essas trabalhadoras armazenam alimento suficiente para sustê-las.

Podemos aprender com as formigas. Quando Deus nos dá momentos de fartura, podemos nos preparar para momentos em que os recursos diminuem. Deus provê tudo o que temos, incluindo nossa habilidade para trabalhar. Devemos trabalhar diligentemente, ser mordomos sábios daquilo que Ele nos deu e descansar em Sua promessa de cuidado (Mateus 6:25-34).

Lembremo-nos do conselho de Salomão: "Aprenda com a formiga, [...]! Observe como ela age e seja sábio" (Provérbios 6:6).

Jennifer Benson Schuldt

Novembro

DOM	SEG	TER

Aniversariantes do dia:

manhã

tarde

noite

Aniversariantes do dia:

manhã

tarde

noite

Aniversariantes do dia:

manhã

tarde

noite

QUA	QUI	SEX	SÁB
Aniversariantes do dia:	Aniversariantes do dia:	Aniversariantes do dia:	Aniversariantes do dia:
manhã	manhã	manhã	manhã
tarde	tarde	tarde	tarde
noite	noite	noite	noite

Semana abençoada

Metas da semana

Motivos de oração

Comprar

Ideias

Prepare-se para uma semana de respostas

Leitura: Isaías 42:1-9

A resposta de Deus

Quem dera abrisses os céus e descesses!
[...] seus inimigos entenderiam a razão de tua fama!
Isaías 64:1:2

Isaías queria que Deus agisse como no passado. Ao relembrar as Escrituras, quando Deus visitou a Moisés no Monte Sinai, Isaías queria muito que isto acontecesse.

Porém, Deus já havia dito a Isaías que Ele faria novas coisas: "Tudo que profetizei se cumpriu, e agora profetizarei novamente; eu lhes falarei do futuro antes que aconteça" (Isaías 42:9).

O "algo novo" era Jesus! Deus de fato desceu dos céus. Mas não durante o tempo de vida de Isaías. E também não da forma dramática que ele pediu. "Não gritará, nem levantará a voz em público" (42:2). Ele veio simplesmente como menino.

Muitos de nós nos lembramos de uma situação na qual Deus veio na hora certa, ao atender a uma de nossas necessidades. Como Isaías, queremos que Deus aja novamente da mesma maneira. Mas talvez, Ele tenha novas coisas em Sua mente. Ao celebrar a descida humilde de Jesus a este mundo, conscientize-se de que Ele veio para transformar os nossos corações, e não apenas as nossas circunstâncias

Julie Ackerman Link

Novembro

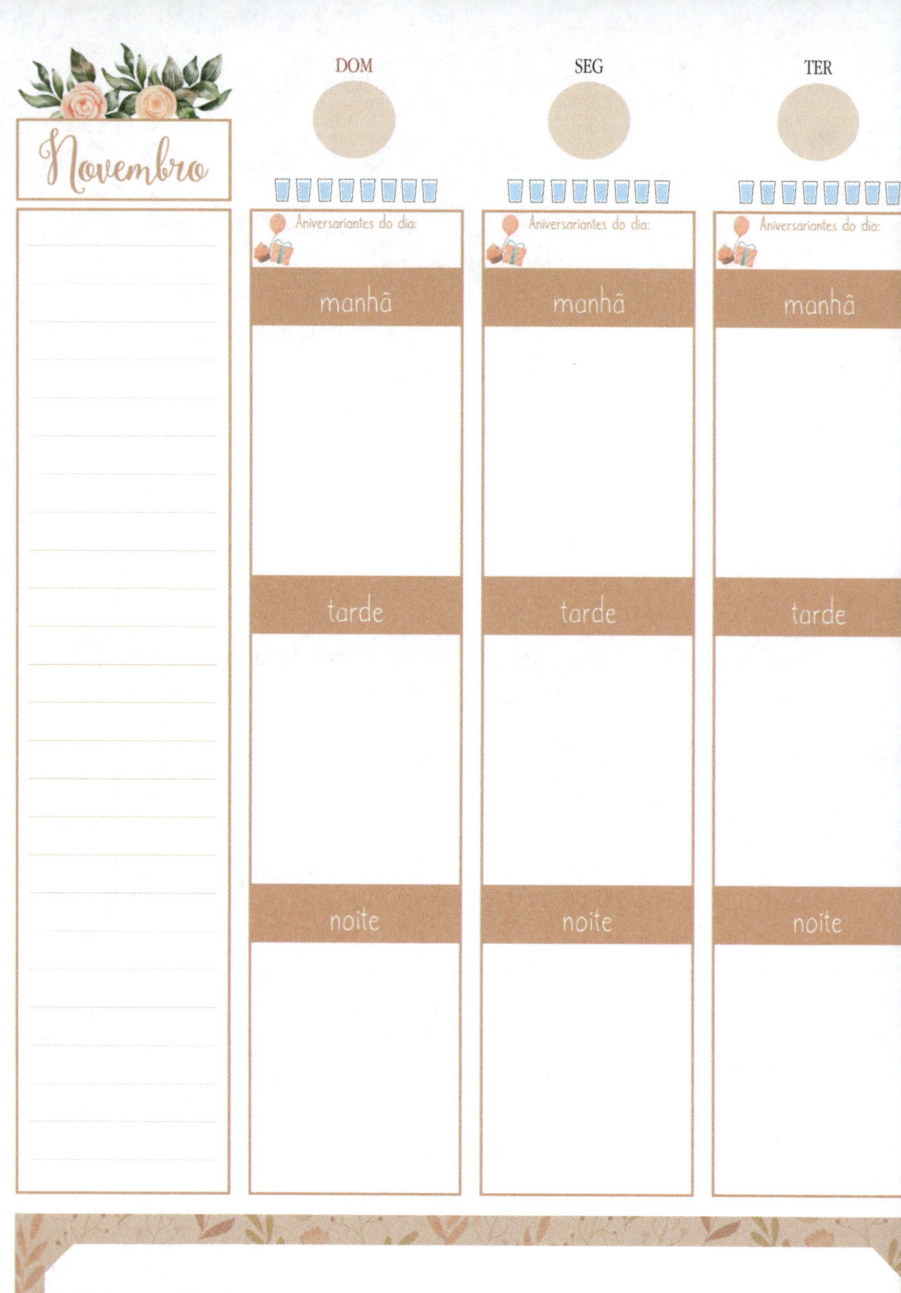

DOM	SEG	TER
Aniversariantes do dia:	Aniversariantes do dia:	Aniversariantes do dia:
manhã	manhã	manhã
tarde	tarde	tarde
noite	noite	noite

QUA	QUI	SEX	SÁB
Aniversariantes do dia:	Aniversariantes do dia:	Aniversariantes do dia:	Aniversariantes do dia:
manhã	manhã	manhã	manhã
tarde	tarde	tarde	tarde
noite	noite	noite	noite

Semana abençoada

Metas da semana

Motivos de oração

Comprar

Ideias

Prepare-se para uma semana sem preocupações
Leitura: Salmo 23

O meu Pastor

O Senhor é meu pastor, e nada me faltará.
Salmo 23:1

Todos se preocupam de vez em quando, mas eu já fui uma "preocupada profissional". Eu pensava diariamente sobre cada uma das minhas preocupações.

Certa ocasião, tive que fazer um exame médico desconfortável e sentia-me muito amedrontada. Finalmente, decidi que durante o exame, me concentraria nas primeiras palavras do Salmo 23: "O Senhor é meu pastor…". Este exercício mental não somente me acalmou, mas aprendi a discernir algumas coisas novas. Mais tarde, ao meditar lentamente sobre todo o Salmo, o Senhor me mostrou novos ensinamentos. Por fim, fui capaz de compartilhar em conferências o que o Senhor tinha me ensinado.

Se você é uma pessoa que se preocupa, também há esperança para você! Rick Warren, autor do livro *Uma vida com propósitos*, (Ed. Vida, 2003) escreveu: "Quando você pensa repetidamente num problema, isto se chama preocupação. Quando você pensa repetidamente na Palavra de Deus, chama-se meditação. Se você sabe como se preocupar, sabe também como meditar!"

Quanto mais meditarmos na Palavra de Deus, menos nos preocuparemos. No Salmo 23, Davi meditou sobre o seu grande Pastor, em lugar de se preocupar. Mais tarde, Deus o escolheu para ser o pastor do Seu povo (Salmo 78:70-72). Deus usa aqueles que sabem dizer com toda honestidade: "O Senhor é meu pastor…".

Joanie Yoder

Novembro

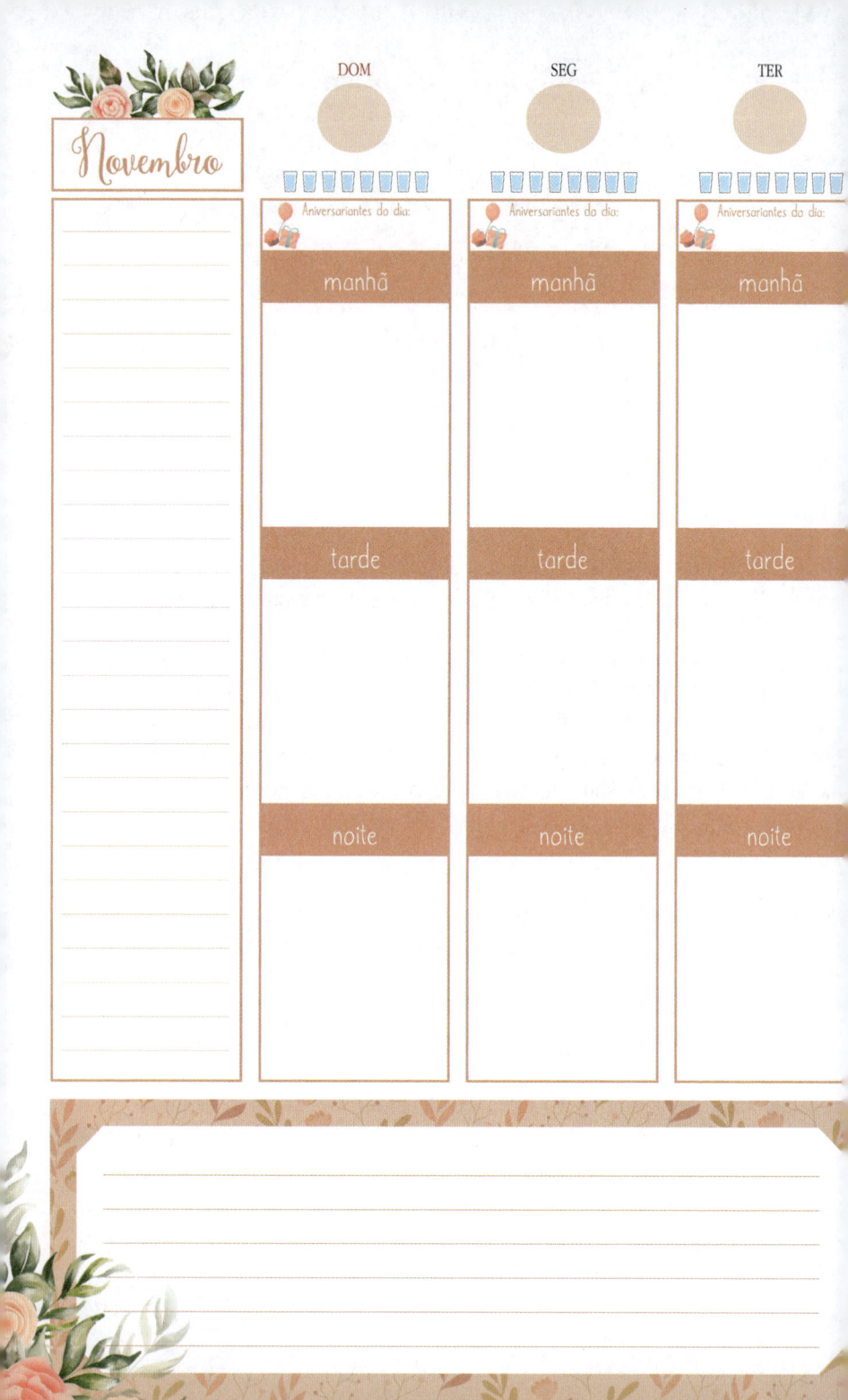

DOM	SEG	TER
Aniversariantes do dia:	Aniversariantes do dia:	Aniversariantes do dia:
manhã	manhã	manhã
tarde	tarde	tarde
noite	noite	noite

QUA	QUI	SEX	SÁB

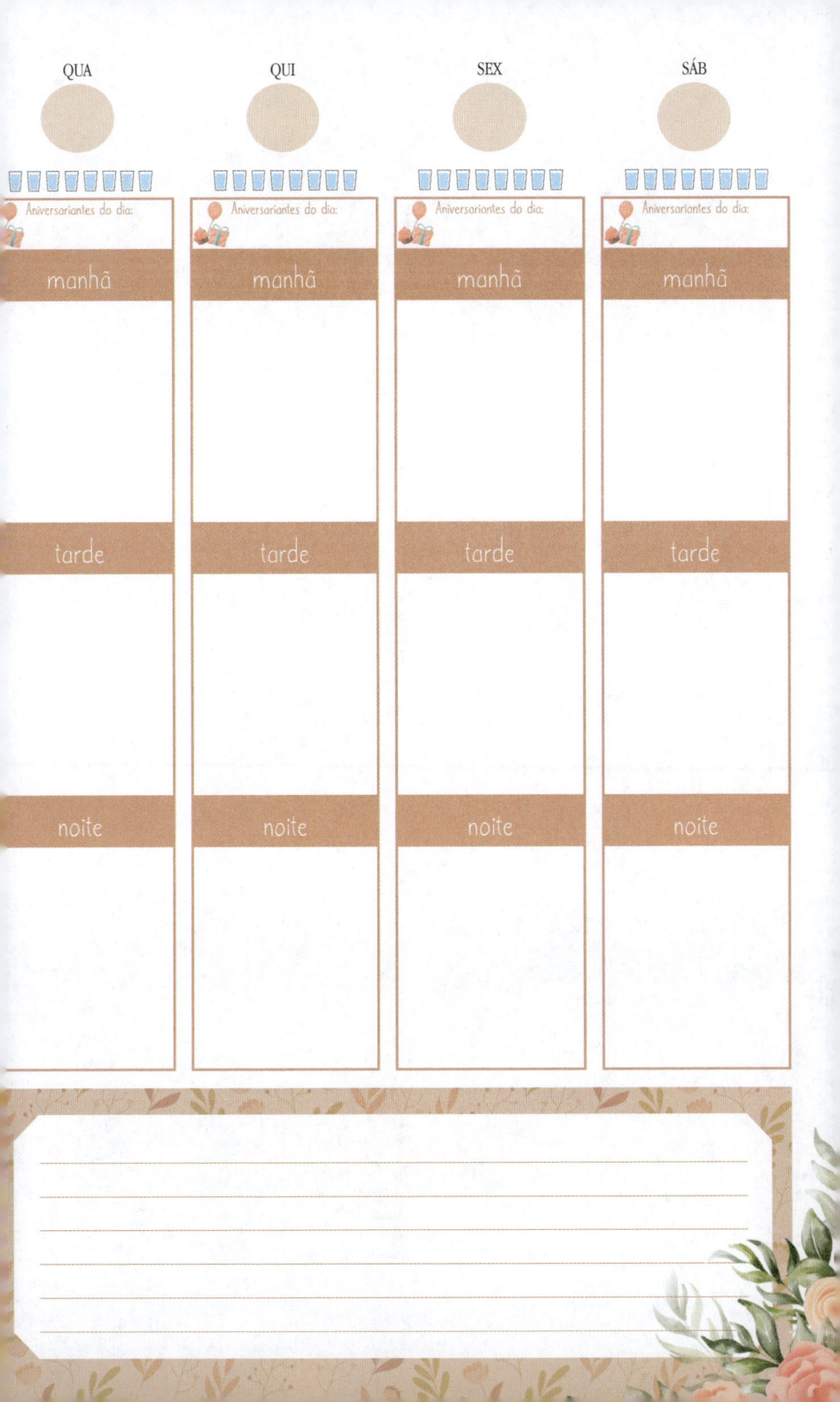

Aniversariantes do dia:

manhã

tarde

noite

Semana abençoada

Metas da semana

-
-
-
-
-
-
-
-
-
-
-
-
-
-
-
-

Motivos de oração

-
-
-
-
-
-
-
-
-
-
-
-
-
-
-
-

Comprar

-
-
-
-
-
-
-
-
-
-

Ideias

-
-
-
-
-
-
-
-
-
-

Prepare-se para uma semana de legados
LEITURA: Hebreus 12:12-24

Construtores

Façam caminhos retos para seus pés a fim de que os mancos não caiam, mas sejam fortalecidos.
HEBREUS 12:13

Uma das capas de *Pão Diário* mostrava uma estrada em terreno difícil e tortuoso entre as montanhas. Os que usam esta estrada podem desfrutar de uma viagem muito bonita. Para que isto fosse possível, outros tiveram que trabalhar muito para traçar a rota, cortar as árvores e nivelar as áreas desiguais.

De certa forma, todos os cristãos são construtores de estradas. Estamos pavimentando o caminho da fé para a próxima geração. A fidelidade da nossa vida pode determinar como poderá ser difícil a jornada desta geração. Será que eles terão que reparar o estrago que fizemos às ruas? Será que serão capazes de construir novas estradas para que outros encontrem o caminho para Deus?

Para que construamos bem as estradas, devemos prestar atenção ao conselho que encontramos na Palavra de Deus. O autor de Hebreus nos instruiu para vivermos em paz e para sermos 'santos' (12:14), para assegurarmo-nos de que ninguém se exclua da graça de Deus e a não permitir que uma raiz de amargura cresça e cause problemas (v.15).

Nós, os que já viemos a Jesus, devemos nossa gratidão àqueles que fizeram "caminhos retos" para a nossa caminhada de fé (v.13). Por sua vez, devemos nos lembrar daqueles que nos seguirão e fazer caminhos retos para eles. Pratiquemos a nossa fé de maneira que tornemos ainda mais fácil que outros venham a Jesus e o sigam. Que tipo de construtora de estrada você é?

Julie Ackerman Link

Novembro

DOM	SEG	TER

Aniversariantes do dia:

manhã

tarde

noite

QUA	QUI	SEX	SÁB
Aniversariantes do dia:	Aniversariantes do dia:	Aniversariantes do dia:	Aniversariantes do dia:
manhã	manhã	manhã	manhã
tarde	tarde	tarde	tarde
noite	noite	noite	noite

Semana abençoada

Metas da semana

Motivos de oração

Comprar

Ideias

Prepare-se para uma semana de entrega

Leitura: Salmo 37:1-8

Orações de pânico

> Entregue seu caminho ao Senhor,
> confie nele, e ele o ajudará.
> **Salmo 37:5**

No livro *Beyond ourselves* (Além de nós mesmos), Catherine Marshall conta como aprendeu a entregar toda a sua vida a Deus, por meio de uma "oração de renúncia". Quando encontrava situações em que sentia medo, muitas vezes ela entrava em pânico e assumia uma atitude de cobrança em suas orações: "Deus, eu tenho que ter... assim e assim". E Deus parecia distante. Mas, quando ela entregava a situação ameaçadora a Deus, para que Ele fizesse conforme a vontade dele, o medo desaparecia e a paz retornava. Desse momento em diante, Deus começava a transformar a situação.

No Salmo 37, Davi falou sobre entregar e confiar: "Entregue seu caminho ao Senhor, confie nele, e ele o ajudará" (v.5). Os cristãos entregues são aqueles que seguem e servem sinceramente ao Senhor. É importante admoestar as pessoas a entregarem-se mais a Cristo, e a ter um compromisso maior com Ele. Mas entregar-se e confiar em Deus implica na rendição de todas as áreas da nossa vida ao Seu controle sábio, especialmente quando o medo e o pânico se apoderam de nós. O resultado prometido para essa entrega e confiança, feitas de todo o coração, é que Deus fará o que é melhor para nós.

Em vez de tentar apagar os seus temores com orações de pânico, entregue-se a Deus por meio de uma oração de renúncia, e veja o que Ele fará.

Joanie Yoder

Novembro

DOM	SEG	TER
Aniversariantes do dia:	Aniversariantes do dia:	Aniversariantes do dia:
manhã	**manhã**	**manhã**
tarde	**tarde**	**tarde**
noite	**noite**	**noite**

QUA

Aniversariantes do dia:

manhã

tarde

noite

QUI

Aniversariantes do dia:

manhã

tarde

noite

SEX

Aniversariantes do dia:

manhã

tarde

noite

SÁB

Aniversariantes do dia:

manhã

tarde

noite

Planejamento dezembro

DOM   **SEG**   **TER**

O amor do Senhor não tem fim! Suas misericórdias são inesgotáveis.
Lamentações 3:22

Planejamento dezembro

QUA	QUI	SEX	SÁB
♡	♡	♡	♡
♡	♡	♡	♡
♡	♡	♡	♡
♡	♡	♡	♡
♡	♡	♡	♡
♡	♡	♡	♡

Para manter sua vida equilibrada, apoie-se no Senhor.

Objetivos para dezembro

O melhor presente foi encontrado numa manjedoura.

Semana abençoada

Metas da semana

Motivos de oração

Comprar

Ideias

Prepare-se para uma semana de procura

LEITURA: Salmo 55:1-7,22

À procura de...

Quem dera eu tivesse asas como a pomba; voaria para longe e encontraria descanso.
SALMO 55:6

Uma propaganda de TV pergunta: "O que você procura fazer quando está estressado?" E em seguida sugere: "Procure o nosso produto."

As pessoas tentam lidar com estresses sérios na vida de tantas e numerosas formas, cada uma à sua maneira. Beber. Culpar a Deus. Encher-se de comida. Manter os sentimentos escondidos. Culpar os outros. Essas respostas podem nos acalmar, mas são apenas meios temporários de escape de nossos problemas. Nenhum produto que procuramos pode nos livrar deles.

No Salmo 55, o rei Davi descreveu seu desejo de escapar de suas dificuldades: "Dentro do peito, meu coração acelera [...] Quem dera eu tivesse asas como a pomba; voaria para longe e encontraria descanso" (vv.4,6). Depois da traição de seu amigo e conselheiro Aitofel, que ajudou o seu inimigo, Davi queria ir embora (vv.12-13; 2 SAMUEL 15). Neste salmo ele nos conta que procurou a Deus em meio à sua dor (vv.4-5,16).

E nós o que fazemos? A autora Susan Lenzkes sugere que procuremos ao Senhor e derramemos nosso coração diante dele. Ela escreve: "Está tudo certo — perguntas, dor e ira podem ser derramadas diante daquele que é infinito e Ele não se machucará [...], pois batemos em Seu peito, envolvidos no círculo de Seus braços".

Anne Cetas

Dezembro

DOM	SEG	TER

Aniversariantes do dia:

manhã

tarde

noite

Aniversariantes do dia:

manhã

tarde

noite

Aniversariantes do dia:

manhã

tarde

noite

QUA	QUI	SEX	SÁB
Aniversariantes do dia:	Aniversariantes do dia:	Aniversariantes do dia:	Aniversariantes do dia:
manhã	manhã	manhã	manhã
tarde	tarde	tarde	tarde
noite	noite	noite	noite

Semana abençoada

Metas da semana

Motivos de oração

Comprar

Ideias

Prepare-se para uma semana de paz
Leitura: Isaías 26:1-9

Paz perfeita

Tu guardarás em perfeita paz todos que em ti confiam, aqueles cujos propósitos estão firmes em ti.
Isaías 26:3

Poucas coisas (se é que existem) neste mundo decaído podem ser chamadas de perfeitas. Mas Deus promete nos guardar em "perfeita paz" se mantivermos nossas mentes centradas nele e se nele depositarmos a nossa segurança (Isaías 26:3).

Então por que temos tanta dificuldade em confiar nele? Muitas vezes, por recearmos que as coisas não caminhem como queremos, a não ser que nós mesmas as controlemos. Quanto menos controle nós temos, mais ansiosas e preocupadas nos tornamos.

A autora Hannah Whitall Smith escreveu: "Veja, não é difícil confiar a existência do Universo e toda a Sua criação, ao Senhor. Então, será que o seu caso é bem mais complexo e difícil e que você precisa se preocupar ou afligir-se sobre o controle de Deus em sua vida?" Muitas vezes pensamos que a nossa situação é difícil demais para Deus. Se nós mesmas não conseguimos resolver as coisas, duvidamos de que Ele o consiga. Sim, temos as nossas crenças religiosas, mas isto não é o mesmo do que crer em Deus. Crer em Deus é uma resposta pessoal que provém da nossa fé cristã e se expressa em nossa crescente confiança nele e em Suas promessas.

Quando nossas mentes permanecem atentas a Ele, Deus nos guarda em perfeita paz. Esta tem sido a experiência de muitas pessoas cristãs, e você também pode experimentar o mesmo.

Joanie Yoder

Dezembro

DOM	SEG	TER
Aniversariantes do dia:	Aniversariantes do dia:	Aniversariantes do dia:
manhã	manhã	manhã
tarde	tarde	tarde
noite	noite	noite

QUA	QUI	SEX	SÁB

Aniversariantes do dia:

manhã | manhã | manhã | manhã

tarde | tarde | tarde | tarde

noite | noite | noite | noite

Semana abençoada

Metas da semana

-
-
-
-
-
-
-
-
-
-
-
-
-

Motivos de oração

-
-
-
-
-
-
-
-
-
-
-
-
-

Comprar

-
-
-
-
-
-
-
-

Ideias

-
-
-
-
-
-
-
-

Prepare-se para uma semana de beleza
Leitura: Êxodo 35:30-35

Com todo o meu coração

O Senhor encheu [...] com o Espírito de Deus e lhe deu grande sabedoria, habilidade e perícia para trabalhos artísticos de todo tipo.
Êxodo 35:31

"Por que plantar flores? Você não pode comê-las", disse meu sogro, depois de observar meu ritual de primavera, ao encher os potes com tesouros coloridos e cheios de fragrância, comprados na floricultura. O meu sogro é engenheiro — uma pessoa prática. Ele consegue fazer qualquer coisa funcionar, mas torná-la bonita não é a sua prioridade. Ele valoriza o funcionamento acima da forma, a utilidade sobre a estética.

Deus nos criou com diferentes dons. Engenheiros que trabalham para a glória de Deus desenham máquinas que facilitam a vida. O Senhor também criou artistas, que tornam a vida mais agradável, por meio de coisas bonitas para a glória de Deus e o prazer dos outros.

Quando pensamos em termos de arte na adoração, normalmente pensamos na música. Mas há outras formas de arte que há muito tempo têm um papel importante na glorificação de Deus. O chamado de Bezalel demonstra a consideração de Deus pelas belas-artes (Êxodo 35:30-35). Deus o incumbiu de embelezar o primeiro lugar oficial de adoração: o tabernáculo. O propósito de Deus para as artes, diz Gene Edward Veith, é o de "glorificar a Deus e manifestar a beleza".

Quando o talento artístico é vivificado pelo Espírito de Deus, torna-se um ato de adoração que pode então se tornar um testemunho que conduz as pessoas a Cristo. Deus enriqueceu grandemente a nossa vida com beleza. E nós, desse modo, expressamos nossa gratidão, apresentando Sua glória por meio da nossa arte.

Julie Ackerman Link

Dezembro

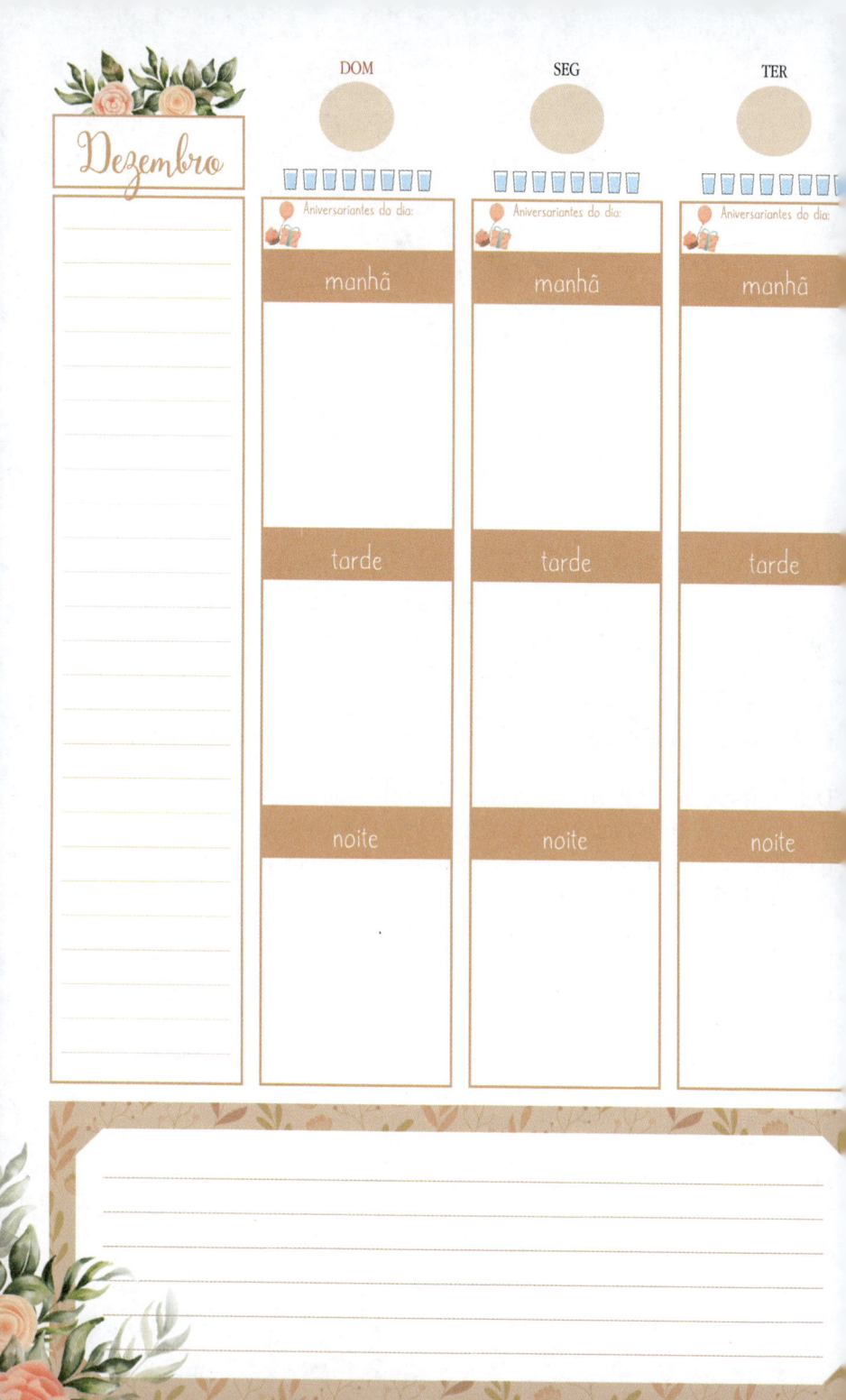

DOM
Aniversariantes do dia:

manhã

tarde

noite

SEG
Aniversariantes do dia:

manhã

tarde

noite

TER
Aniversariantes do dia:

manhã

tarde

noite

QUA	QUI	SEX	SÁB

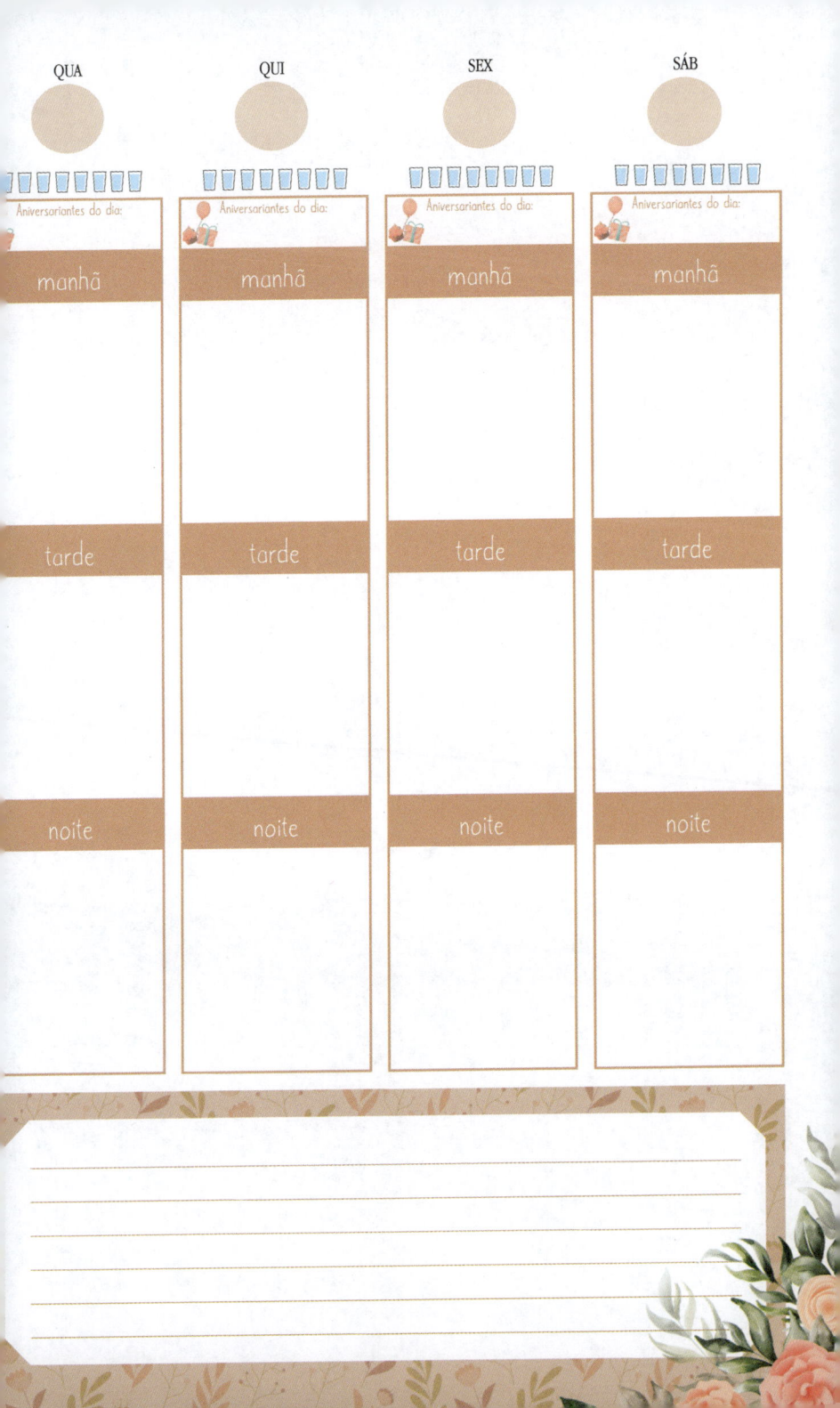

Aniversariantes do dia: | Aniversariantes do dia: | Aniversariantes do dia: | Aniversariantes do dia:

manhã | **manhã** | **manhã** | **manhã**

tarde | **tarde** | **tarde** | **tarde**

noite | **noite** | **noite** | **noite**

Semana abençoada

Metas da semana

-
-
-
-
-
-
-
-
-
-
-
-
-
-

Motivos de oração

-
-
-
-
-
-
-
-
-
-
-
-
-
-

Comprar

-
-
-
-
-
-
-
-

Ideias

-
-
-
-
-
-
-
-

Prepare-se para uma semana de bênçãos

LEITURA: Lucas 1:46-55

A árvore das bênçãos

Pois o Poderoso é santo, e fez grandes coisas por mim.
LUCAS 1:49

Li a respeito de um casal jovem cujos negócios faliram e eles quase não tinham dinheiro para gastar no Natal, e deveriam entregar a sua casa depois do Ano Novo. Mas eles não queriam estragar a época natalina por causa disso, e então decidiram fazer uma festa. Quando os convidados chegaram, viram uma árvore decorada com um único cordão de luzes e pequenos papéis enrolados, amarrados aos galhos com fitas.

Sorrindo de alegria, eles disseram: "Bem-vindos à nossa árvore das bênçãos! Apesar dos tempos difíceis, Deus nos abençoou de tantas maneiras que decidimos dedicar nossa árvore a Ele. Cada pedaço de papel descreve uma bênção que Ele nos deu este ano."

Esse casal enfrentou outras provações desde então, mas eles escolheram permanecer centrados no Senhor. Muitas vezes, eles comentam que o Natal com a "árvore das bênçãos" foi um dos mais bonitos, porque podiam testemunhar como Maria o fez: "...Minha alma exalta ao Senhor..." (LUCAS 1:47-49).

Quaisquer que sejam as dificuldades, elas não precisam estragar o Natal, pois nada pode danificar a mensagem de Cristo! Permaneça centrada em Jesus e busque maneiras de compartilhar suas bênçãos com outros — quem sabe isso poderá ocorrer através da sua própria "árvore das bênçãos".

Joanie Yoder

Dezembro

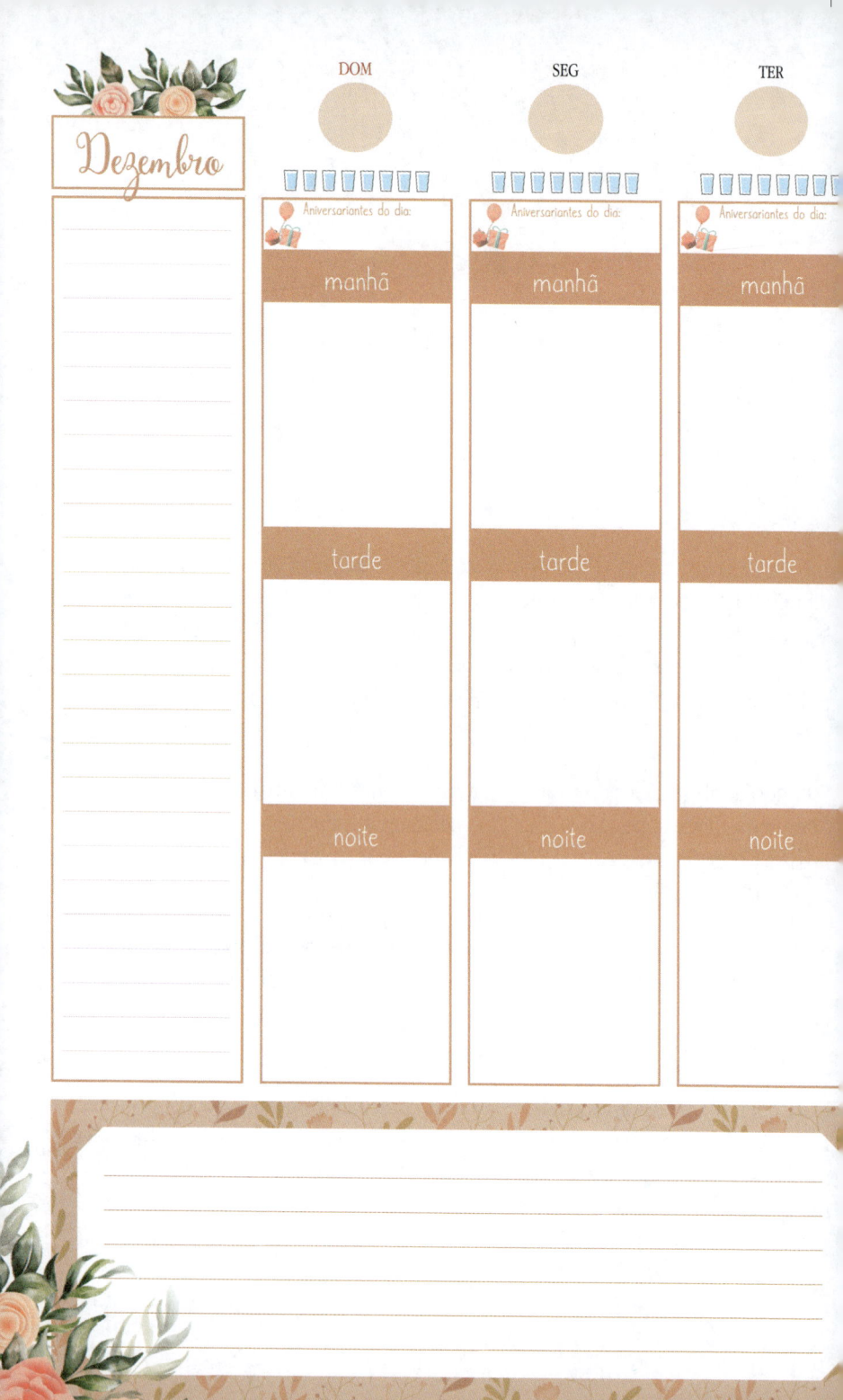

DOM	SEG	TER

Aniversariantes do dia:

manhã

tarde

noite

QUA	QUI	SEX	SÁB
Aniversariantes do dia:	Aniversariantes do dia:	Aniversariantes do dia:	Aniversariantes do dia:
manhã	manhã	manhã	manhã
tarde	tarde	tarde	tarde
noite	noite	noite	noite

Semana abençoada

Metas da semana

-
-
-
-
-
-
-
-
-
-
-
-
-
-
-

Motivos de oração

-
-
-
-
-
-
-
-
-
-
-
-
-
-
-

Comprar

-
-
-
-
-
-
-
-
-

Ideias

-
-
-
-
-
-
-
-
-

Prepare-se para uma semana de louvor

LEITURA: Lucas 2:8-20

Esta é a hora

> Glória a Deus nos mais altos céus...
> LUCAS 2:14

Durante a celebração do Natal em nossa igreja, observei os membros do coral reunindo-se à frente da congregação enquanto o maestro vasculhava alguns papéis sobre um fino pedestal preto. Os instrumentos começaram a tocar e os cantores começaram a entoar uma conhecida canção que começa com as palavras "Vem, esta é a hora da adoração." Embora esperasse ouvir um clássico cântico de Natal, sorri pela escolha de uma música tão adequada.

No início daquela semana, eu tinha lido a narração de Lucas sobre o nascimento de Jesus e percebera que o primeiro Natal não tinha nossas festas modernas, presentes e comemorações — mas incluía adoração. Após o anjo anunciar o nascimento de Jesus a alguns pastores de olhos arregalados, um coral de anjos veio "...louvando a Deus e dizendo: "Glória a Deus nos mais altos céus..." (Lucas 2:13-14). Os pastores reagiram correndo até Belém, onde encontraram o Rei recém-nascido deitado numa manjedoura de estábulo. Eles voltaram aos seus campos "...glorificando e louvando a Deus por tudo que tinham visto e ouvido..." (v.20). Ficar face a face com o Filho inspirou os pastores a adorar o Pai.

Hoje, reflita sobre a sua reação à chegada de Jesus na Terra. Existe espaço para a adoração em seu coração, neste dia que celebraremos o Seu nascimento?

Jennifer Benson Schuldt

Dezembro

DOM	SEG	TER

Aniversariantes do dia:

manhã

tarde

noite

Aniversariantes do dia:

manhã

tarde

noite

Aniversariantes do dia:

manhã

tarde

noite

QUA	QUI	SEX	SÁB
Aniversariantes do dia:	Aniversariantes do dia:	Aniversariantes do dia:	Aniversariantes do dia:
manhã	manhã	manhã	manhã
tarde	tarde	tarde	tarde
noite	noite	noite	noite

Semana abençoada

Metas da semana

-
-
-
-
-
-
-
-
-
-
-
-
-
-

Motivos de oração

-
-
-
-
-
-
-
-
-
-
-
-
-
-

Comprar

-
-
-
-
-
-
-
-

Ideias

-
-
-
-
-
-
-
-

Prepare-se para uma retrospectiva deste ano

Leitura: 2 Coríntios 12:7-10

Que alívio!

...Minha graça é tudo de que você precisa...
2 Coríntios 12:9

Uma trituradora cortou centenas de tiras de papel e outros itens no último dia do ano anterior. Os organizadores do segundo dia anual chamado "Que Alívio" encorajaram as pessoas a trazerem para a praça principal os seus sofrimentos e memórias ruins do ano que se findava, e enfiá-los no potente cortador industrial ou atirá-los em uma enorme caçamba.

Alguns participantes cortaram pedaços de papel com as palavras "mercado de capitais" ou "câncer". Outros destruíram extratos bancários, e uma pessoa picou um e-mail impresso de um namorado, com o qual não se relacionava mais.

Ansiamos por destruir as memórias ruins daquilo que outras pessoas nos fizeram ou circunstâncias difíceis pelas quais estamos passando. O apóstolo Paulo queria alívio para o seu sofrimento do momento, uma enfermidade que o deixava sentindo-se fraco (2 Coríntios 12:7-10). Deus, porém lhe disse: "...Minha graça é tudo de que você precisa. Meu poder opera melhor na fraqueza…". Deus não removeu o problema do apóstolo, mas deu-lhe a graça de viver com Ele.

Ao meditarmos nas dificuldades elas nos sobrecarregam, afetando nossos relacionamentos e nossas perspectivas de vida. Como pessoas que creem em Cristo, temos um lugar para onde levar essas cargas. Lemos em 1 Pedro 5:7: "Entreguem-lhe todas as suas ansiedades, pois ele cuida de vocês".

Anne Cetas

Dezembro

DOM
Aniversariantes do dia:

manhã

tarde

noite

SEG
Aniversariantes do dia:

manhã

tarde

noite

TER
Aniversariantes do dia:

manhã

tarde

noite

QUA

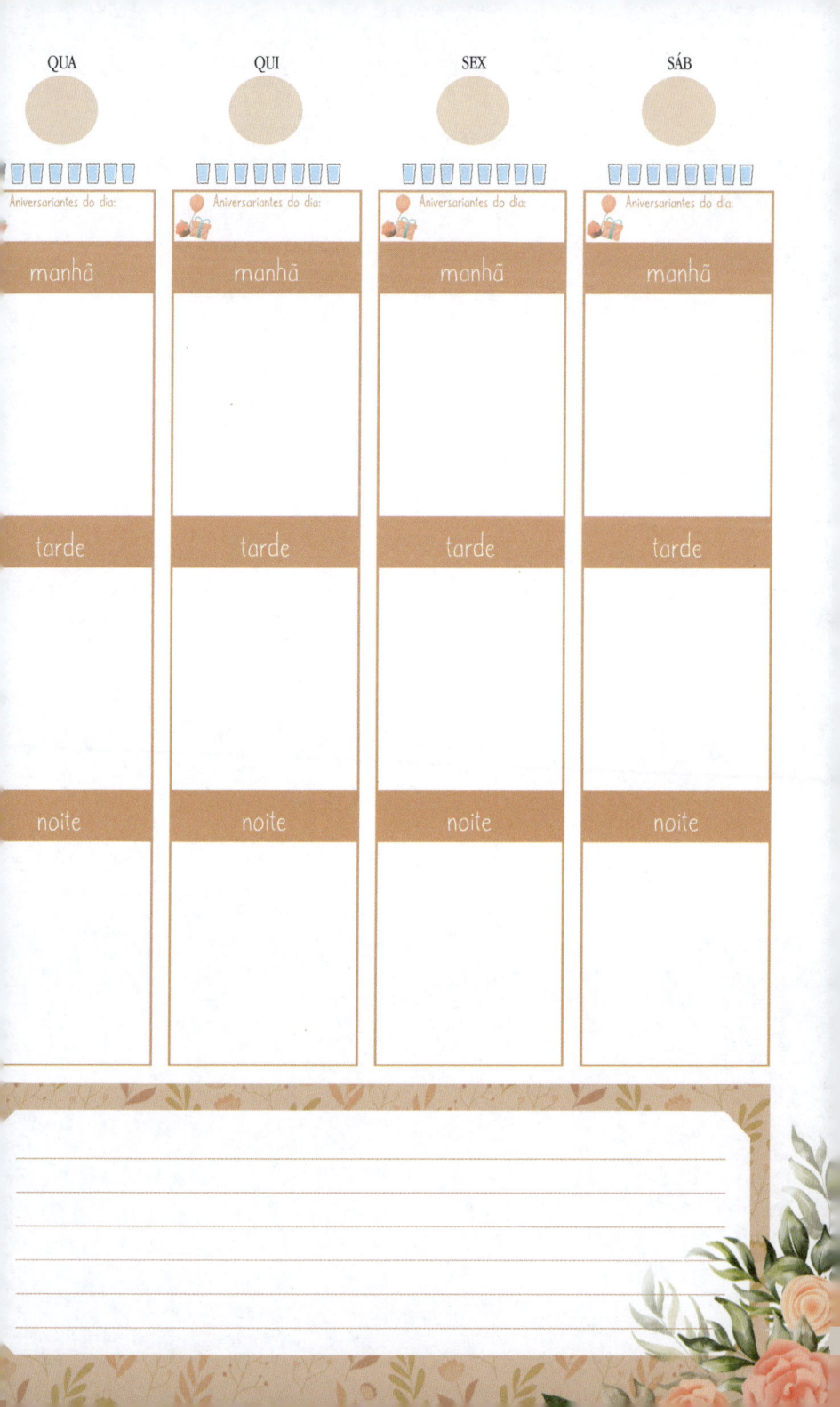

Aniversariantes do dia:

manhã

tarde

noite

QUI

Aniversariantes do dia:

manhã

tarde

noite

SEX

Aniversariantes do dia:

manhã

tarde

noite

SÁB

Aniversariantes do dia:

manhã

tarde

noite

Planos para o próximo ano

Reunião	Reunião	Reunião	Reunião
PAGAMENTO R$	PAGAMENTO R$	PAGAMENTO R$	PAGAMENTO R$
viagem!	viagem!	viagem!	viagem!
Prova de	Prova de	Prova de	Prova de
Médico	Médico	Médico	Médico
Aniversário	Aniversário	Aniversário	Aniversário
Férias	Férias	Férias	Férias
Importante!	Importante!	Importante!	Importante!
Jantar Especial	Jantar Especial	Jantar Especial	Jantar Especial
Casamento &	Casamento &	Casamento &	Casamento &
RETIRO!	RETIRO!	RETIRO!	RETIRO!
Almoço Especial	Almoço Especial	Almoço Especial	Almoço Especial
Chove chuva...	Chove chuva...	Chove chuva...	Chove chuva...
Partiu Célula!	Partiu Célula!	Partiu Célula!	Partiu Célula!
partiu culto!	partiu culto!	partiu culto!	partiu culto!
Estudar!	Estudar!	Estudar!	Estudar!
Cinema com: Filme:	Cinema com: Filme:	Cinema com: Filme:	Cinema com: Filme:
Aniversário	Aniversário	Aniversário	Aniversário

Oba! Pizza!	Oba! Pizza!	Oba! Pizza!	Oba! Pizza!
PAGAR R$	PAGAR R$	PAGAR R$	PAGAR R$
Entregar Trabalho	Entregar Trabalho	Entregar Trabalho	Entregar Trabalho
Comprar presente para:	Prova de	Prova de	Prova de
Exame	Exame	Exame	Exame
Aniversário	Aniversário	Aniversário	Aniversário
Faxina	Faxina	Faxina	Faxina
CORTAR CABELO	CORTAR CABELO	CORTAR CABELO	CORTAR CABELO
Orar por	Orar por	Orar por	Orar por
Dieta SIM NÃO / Exercício SIM NÃO	Dieta SIM NÃO / Exercício SIM NÃO	Dieta SIM NÃO / Exercício SIM NÃO	Dieta SIM NÃO / Exercício SIM NÃO
TPM!	TPM!	TPM!	TPM!
Almoço Especial	Almoço Especial	Almoço Especial	Almoço Especial
Ceia do Senhor	Ceia do Senhor	Ceia do Senhor	Ceia do Senhor
Partiu Célula!	Partiu Célula!	Partiu Célula!	Partiu Célula!
partiu culto!	partiu culto!	partiu culto!	partiu culto!
Dentista	Dentista	Dentista	Dentista
Cinema com: Filme:	Cinema com: Filme:	Cinema com: Filme:	Cinema com: Filme:
Aniversário	Aniversário	Aniversário	Aniversário

Folga Reunião Cliente Consulta Viagem